生活·讀書·新知 三联书店

王鼎钧作品系列

讲理

【增订版】

Simplified Chinese Copyright © 2019 by SDX Joint Publishing Company.
All Rights Reserved.
本作品中文简体版权由生活·读书·新知三联书店所有。
未经许可,不得翻印。禁止重制、转载、摘录、改写等侵权行为。

图书在版编目(CIP)数据

讲理/王鼎钧著. —增订版. —北京:生活·读书·新知三联书店,2019.10 (2025.6重印)
(王鼎钧作品系列)
ISBN 978-7-108-06554-4

Ⅰ.①讲… Ⅱ.①王… Ⅲ.①汉语-议论文-写作 Ⅳ.①H152.2

中国版本图书馆CIP数据核字(2019)第057739号

责任编辑	饶淑荣
装帧设计	张 红 崔欣晔
责任校对	常高峰
责任印制	卢 岳
出版发行	生活·讀書·新知 三联书店
	(北京市东城区美术馆东街22号 100010)
网 址	www.sdxjpc.com
经 销	新华书店
印 刷	北京隆昌伟业印刷有限公司
版 次	2014年7月北京第1版
	2019年10月北京第2版
	2025年6月北京第20次印刷
开 本	787毫米×1092毫米 1/32 印张9.25
字 数	140千字
印 数	146,001-151,000册
定 价	38.00元

(印装查询:01064002715;邮购查询:01084010542)

目录

新版自序

讲理	001
是非法	014
拿证据来!	030
说故事	045
肌肉	059
诗云	075
绘影绘声	088
子曰	105
好有一比	121
反问	135

补习 151

辩论会 168

电视机 185

原子笔、毛笔 202

咖啡馆 221

倒彩 237

就事论事 251

别 267

新版自序

那些年，我常常怀念我的中学生活，一心想为正在读中学的年轻人写点什么，我写的时候觉得与他们同在。我陆续写了五本书跟他们讨论作文，也涉及如何超越作文进入文学写作，这五本书在出版家眼中成为一个系列。现在，我重新检视这一套书，该修正的地方修正了，该补充的地方加以补充，推出崭新的版本，为新版本写一篇新序。

《作文七巧》

先从《作文七巧》说起。我当初写这本书有个缘起，有人对我说，他本来对文学有兴趣，学校里面的作文课把这个兴趣磨损了、毁坏了！我听了大吃一惊。

想当初台北有个中国语文学会，创会的诸位先进有个理念，认为文学写作和文学欣赏的能力要从小学、中学时代的作文开始培养，作文好比是正餐前的开胃菜，升学前的先修班。我是这个学会创会的会员，追随诸贤之后，为这个理念做过许多事情。早期的作文和后来的文学该有灵犀相通，怎么会大大不然？

我想，作文这堂课固然可以培养文学兴趣，它还有一个重要的任务，帮助学生通过考试，顺利升学，这两个目标并不一致，当年考试领导教学，在课堂上，老师可能太注重升学的需要，把学生的文学兴趣牺牲了。

那时候，沧海桑田，我已经距离中国语文学会非常遥远，不过旧愿仍在。我想，作文课的两个目标固然是同中有异，但是也异中有同，文学兴趣是什么？它是中国的文字可爱，中国的语言可爱，用中国语文表现思想感情，它的成品也很可爱，这种可爱的能力可以使作文写得更好，更好的作文能增加考场的胜算。

于是我花了三个月的时间写成这本《作文七巧》。记录、描绘、判断，是语文的三大功能，这三大功能用于作文，就是直叙、倒叙、抒情、描写、归纳、演绎，各项基本功夫。我从文学的高度演示七巧，又把实用的效果归于作文考试，谋求相应相求，相辅相成。我少谈理论，多谈故事，也是为了保持趣味，也为了容易记住。

有人劝我像编教材一样写《七巧》，但我宁愿像写散文一样写《七巧》，希望这本讨论如何作文的书，本身就是作文的模板。新版的《作文七巧》有二十五处修正，十九处补充，还增加了三章附录。

《作文十九问》

《七巧》谈的是最基本的作文方法，也希望学习的人层楼更上，对什么地方可以提高，什么地方可以扩大，作了暗示和埋伏。出版以后，几位教书的朋友为我搜集了许多问题，希望我答复，我一看，太高兴了，有些问题正是要发掘我的埋伏。我立刻伏案疾书，夜以继日，写出《作文十九问》，作为《作文七巧》的补述。

我追求文体的变化，这本书我采用了问答体。我在广播电台工作二十年，写"对话稿"有丰富的经验，若论行云流水，自然延伸，或者切磋琢磨，教学相长，或曲折婉转，别开生面，都适合使用这种体裁。问答之间，抑扬顿挫，可以欣赏口才，观摩措辞。当年同学们受教材习题拘束，很喜欢这种信马由缰的方式，出版以后，销路比《七巧》还好。如果《七巧》可以帮助学习者走出一步，《十九问》可以帮他向前再走一步。当然，他还需要再向前走，我在《十九问》中也存一些埋伏，留给下一本《文学种子》发挥。

为什么是十九问呢？因为写到十九，手边的、心中的问题都答复了，篇幅也可以告一段落了。那时还偶然想到，古诗有十九首，"十九"这个数字跟文学的缘分很深。有人说，你这十九问，每一问都可以再衍生十九问。我对他一揖到地，对他说：够了，咱们最要紧的是劝人家独自坐下来写写写，从人生取材，纳入文学的形式，表现自己的思想情感。求其次，希望咱们的读者对文学觉得亲切，看得见门径，成为高水平的欣赏者。学游泳总得下水，游泳指南，适可而止吧。

《文学种子》

这一本，我正式标出"文学"二字，进"写作"的天地。那时候，写作和作文是两个观念，我尝试把作文的观念注入文学写作的观念，前者为初试啼声，后者为水到渠成。在《文学种子》里面，我正式使用文学术语，提出意象、体裁、题材、人生等项目，以通俗语言展示它的内涵。我重新阐释当年学来的写作六要：观察、想象、体验、选择、组合、表现，指出这是一切作家都要修习的基本功夫，我对这一部分极有信心。必须附注，这本书只是撒下种子，每一个项目都还要继续生长茎叶，开花结果。

那时候，文艺界犹在争辩文学创作可教不可教、能学不能学。

我说"创作"是无中生有,没有范文样本,创作者独辟蹊径,"写作"是有中生有,以范文样本为教材,可以教也可以学。当然,学习者也不能止于范文样本,他往往通过学习到达创作,教育的结果往往超出施教者的预期,这就是教育的奥秘。

我强调写作是拳不离手,曲不离口。写作是师父领进门,修行在个人。夸夸其谈误写作,知而不行误写作,食而不化也误写作。一个学习者,如果他对《作文七巧》和《作文十九问》里的那些建议,像学提琴那样照着琴谱反复拉过,像学画那样照着静物一再画过,应该可以顺利进入《文学种子》所设的轨道,至于能走多远,能登多高,那要看天分、环境、机遇,主要的还是要看他的心志。

本来《作文七巧》《作文十九问》《文学种子》这三本书是一个小系列,当时的说法是"由教室到文坛"。但是后来出现一个议题,即现代和古典如何贯通,于是这个小系列又有延伸。

《〈古文观止〉化读》

那些小弟弟小妹妹,先读小学,后读中学,小学的课本叫"国语",全是白话,中学的课本叫国文,出现文言。他们从"桃花谢了,还有再开的时候",突然碰上"学而时习之,不亦说乎"!

这条沟太宽，他们一步跨不过去，只有把文言当作另一种语言来学。白话文是白话文，文言文是文言文，双轨教学，殊途不能同归。

当然，由中学到大学，也有一些人打通了任督二脉，但是从未读到他们的秘籍，好吧，那就由我来探索一番吧。恰巧有个读书会要我讲《古文观止》，我当然要对他们讲时代背景、作者生平，讲生字、僻词、典故、成语，以及文言经典的特殊句法，我也当众朗读先驱者把整篇古文译成的白话。大家读了白话的《赤壁赋》《兰亭序》，当场有人反映：这些文章号称中国文学的精金美玉，怎会这样索然无味？它对我们的白话文学有何帮助？是了，是了，于是我推出进一步的读法。

我们读文言文，目的不止一个，现在谈的是写作，我们对《古文观止》的要求自有重点。现在我们读《赤壁赋》，不从东坡先生已经写成的《赤壁赋》进入，要从东坡先生未写《赤壁赋》的时候参与：他游江，我们也游江；他作文，我们也作文；他用文言，我们用白话。文言有单音词、复音词，看他在一句之中相间使用，我们白话也有单音词、复音词啊！文言有长句，有短句，看他在一段之中交替互换，我们白话也有长句有短句啊！看他文章开头单刀直入，切入正题；看他结尾急转直下，戛然而止；中间一大片腹地供他加入明月，加入音乐，加入忧郁，加入通达，奔腾驰骤，淋漓尽致。这也正是我们白话文学常有的布局啊！他是在写文言文吗，我几乎以为他写的是白话呢！我写的是白话文吗，我几乎以为是文言呢！

我说，这叫"化读"，大而化之，食而化之，化而合之，合而得之。出版后，得到一句肯定：古典文学和现代散文之间的桥梁。

《讲理》

这本书完全是另外一个故事。只因为那时候升学考试爱出论说题，那些小弟弟小妹妹急急忙忙寻找论说文的作法，全家跟着患得患失。那些补习班推出考前猜题，预先拟定三个五个题目，写成文章，要你背诵默写，踏进考场以后碰运气，有人还真的猜中了，考试也高中了。每年暑期，那些考试委员和补习班展开猜题游戏，花边新闻不少。

为什么同学们见了论说题作不出文章来呢？也许因为家庭和学校都不喜欢孩子们提出意见，只鼓励他们接受大人的意见，也许论断的能力要随着年龄增长，而他们还小。我站出来告诉那些小弟弟小妹妹，你们的生活中有感动，所以可以写抒情文；你们的生活中有经历，所以可以写记叙文；你们的生活中也产生意见,一定可以写论说文。

为此我写了《讲理》,为了写这本书,我去做了一年中学教员,专教国文。教人写作一向主张自然流露,有些故事说作家是在半自动状态下手不停挥,我想那是指感性的文章。至于理性的文章,如论说文,并没有那样神秘:它像盖房子一样,可以事先设计;它像数学一样,可以步步推演。你可以先有一个核,让它变成水果。

这本书完全为了应付考试,出版后风行多年,直到升学考试的作文题不再独尊论说。倒也没有人因此轻看了这本书,因为我在书中埋伏了一个主题,希望培养社会的理性。现在重新排版,我又把很多章节改写了,把一些范文更换了,使它的内容更靠近生活,除了进入考场,也能进入茶余饭后。它仍然有自己的生命,因此和《七巧》《十九问》等书并列。

这本书的体例,模仿叶绍钧和夏丏尊两位先生合著的《文心》,在我的幼年,他们深深影响了我,许多年后我以此书回报。感谢他们!也感谢一切教育过我的先进。

讲理

一

这一年,有些事情发生在长城中学里。

开学的前几天,国文老师杨书质去找教务处的胡主任。胡主任正在皱着眉头排本学期的课程表。

"插班生的考试成绩算出来了吗?"杨先生问胡主任。

"算出来了。"

"有个吴强,考得怎么样?"

"吴强?"胡主任正把那张课程总表涂改得满纸狼藉。他放下手里的红笔,想了一下:"功课不错,可惜口吃得厉害。"

"口吃,我想不会有影响吧?我们又不训练播音员,又不训练演说家,我们是普普通通的中学。"

"有些学校,不欢迎机能有障碍的学生。"

"胡兄!我们不要那样做。一个口吃的孩子,将来可能是个科学家,他在研究室里沉思是用不着说话的。一个口吃的孩子,将来可能是个画家,他在操纵色彩线条的时候是不用说话的。"

"当然,我们取他。"

开学的那天,杨老师带着吴强,办理缴费、注册、编班等手续。手续办完了,杨老师说:"吴强,到我的房间里坐坐。"

杨先生住在普通学校所能供给的那种单身宿舍里,只有一间房。进了房间,杨先生说:"吴强,坐下,要喝水吗?"

吴强坐下去,摇摇头。

"吴强,矫正口吃有进步吗?"

吴强的头低下去,垂到胸前。

"不要怕,我们来大胆讨论你的问题,我相信你一定能克服自己的缺陷。这是一个小毛病,你不要整天放在心上,不要整天觉得不如人。这点毛病妨碍不了什么,你照样可以成为一个艺术家、科学家，或者别的。你用正常的眼光看一切，如果你被人忽视，不要认为是由于口吃而惹人轻贱；如果你被人喜爱，不要认为是由于口吃而惹人怜悯。没有人会永远记住这个，你自己也不要永远记住这个。你说，我的话对吗？"

吴强点头。

"你到教室里去吧。"吴强退出前鞠了一个躬。他没有说一句话。他总是默默的不说话。

二

上国文课的时候，吴强很安静。

上别的课，也没有听说吴强不安静。

两次周考下来，吴强的成绩在班上最好。可是有了麻烦。一天下午，杨老师正在宿舍里改作文簿，胡主任来了。他说："杨兄！很多学校不肯收机能障碍的学生，是从训育和管理上着眼的。这样的学生情绪不平衡，容易起纠纷。"

杨先生立刻有一种预感：他是指吴强？

可不是？只听胡主任说："吴强和楚望杰打架。刚才开班会的时候，两人当着导师的面打起来，而导师又是刚刚到校的新老师。"杨老师丢下红笔，快步走到办公室里。先用眼光扫视全室，不见吴强的导师朱先生。再用耳朵听，老师们正在为了吴强打人的事议论纷纷。

好不容易弄清楚了。经过是这样的：今天下午开班会，没有准备什么提案，朱先生要学生练习说话，叫几个学生站起来讲故事。一个学生站起来说：

有一个人星期天没事做，到马路上闲逛。街上有个卖领带的，走过来向他推销领带，他说："我买，买——"卖领带的人听见他要买，非常高兴，谁知他下面说："——买不起。"

学生们哄堂大笑。导师为了表示鼓励，也开心地笑了。另一个学生楚望杰讲的故事是：

有一个人，是天生的音乐家，说话带乐器的声音。有人问他："你喜欢吃苹果吗？"他说："当，当，当然。"

又问他:"你把苹果分一半给我好不好?"他说:"可,可,可不行!"有一天,别人对他说:"你学鸭子叫给我听,我请你吃瓜子。"他说:"我不吃瓜,瓜,瓜子。"

这回,大家笑得更厉害。很不巧,当他们拿口吃的人取笑时,新来的老师还不知道班上有个口吃的学生,所以没有注意到吴强的特殊反应。更不巧,楚望杰讲笑话的时候,他的座位正好在吴强旁边,使吴强加倍有受压迫的感觉。就在大家笑不可抑的时候,吴强怒冲冲地站起来,朝着那个站在他旁边讲笑话的楚望杰脸上一拳。全班同学骇然。老师先是愕然,立即变为怒不可遏。杨老师赶到办公室的时候,朱老师已经到校长室去商议怎样处分吴强了。

吴强受到的处分很轻,这因为,朱老师明了吴强的隐痛之后,对他有了同情,其中再加上杨老师的解劝、弥缝。公案了结以后,杨老师又把吴强带到宿舍里。"吴强!你入学的那天,我对你说的话,忘了?"

由于情绪激动,吴强表达意见更显得困难。他说,没有忘记。他说,他自己很正常,可是别人不正常。他说,他可以自己忘记自己的缺陷,无奈那些顽皮的同学不肯忘记。他们嫉妒功课好的人。他比嘴巴比不过人家,只好比拳头。

杨老师恳切地对他说:"吴强!我知道你受了委屈。可是,你不可以打人,一打人,有理也变成没理了;一打人,就变成蛮不讲理了。遇到是非利害的关头,你和他们讲理!"

吴强本来低着头,听到杨老师的这句话,蓦地抬起脸来,两眼射出泪光。杨老师连忙说:"吴强,我明白你的意思。你会说:'我讲话没有他们快,讲理讲不过他们呀!'你别忘了,讲理的方法很多。你别忘了,你除了一张嘴以外,还有一支笔。你可以用笔写文章来讲理。将来你长大了,到社会上去做事,可能遇到不合理的事,遇到不讲理的人,你没有办法一个一个找他们打架。你没有那么多拳头。打了架,有理更讲不清。如果你换一个方向,你把握紧了的拳头放开,去抓笔,比方说,那时候,你做报纸的主笔,在报上写文章讲理,那比你自己用嘴巴讲理,效果大得多。那时候,你可能把很多不合理的事情纠正过来。跟人家讲理的文章,就是论说文。你可以在论说文上多下点工夫。你在社会上受了委屈,心里一定有很多道理要讲出来,那么,你回去写一篇论说文,我拿去登在校刊上。从现在起,你就练习用笔讲理。"

吴强擦干了眼泪。

三

当,当,当,上作文课了。学生磨好墨,摊开作文簿,心里七上八下地猜今天的作文题目。在平时成绩里,作文是很重要的一项呢!

不一会儿,杨老师进来了,手里捧着一个纸盒子。大家随着班长的口令鞠躬,坐下,眼光一齐盯住纸盒子,老师拿一个盒子来,是什么意思?

杨老师把纸盒放在讲桌上,问道:"大家猜猜看,盒子里放的是什么东西?"谁也不敢乱猜。杨老师说:"你们也许在想:世界上的东西那么多,叫我们从哪里猜起?不错,世界上的东西太多了!可是,世界上的东西虽然很多,却可以分成三大类:固体、液体、气体。这盒子里的东西,如果不是液体,不是气体,那么一定是固体,是不是?"

学生齐声回答:"是!"

现在我告诉你们:"它是固体。那么世界上的东西,已有三分之一排除在外了,是不是?"

"是!"

"你们已经知道盒子里面藏的是一种固体,固体的东西,又可以分成动物、植物、矿物。你们可以问:盒子里的固体,究竟是动物的、植物的,还是矿物的?我告诉你们:是植物的!那么,在固体这个范围以内,又有三分之一除外了!范围又缩小了。是不是?"

"是!"

"这样一步一步缩小范围,最后一定可以猜出来它是什么东西。"

杨老师提出来的这个"谜",使学生产生很大兴趣,个个跃跃欲试。胆子比较大的学生,先站起来发问:"老师,这种植物,是好吃的,还是不好吃的?"

全班大笑。杨老师说:"它是可以吃的。"可以吃的植物仍然很多,究竟是哪一种东西呢?

教室里转为静默,大家皱着眉头想问题。吴强突然举手。他在获得老师许可后,把一张纸条送到讲桌上来。杨老师把纸条拿起来看了一下，笑着说："吴强写来了三个问题。看这三个问题，他已经猜中了。我现在把他的问题和我的答案都告诉你们。第一，他问：'这种可以吃的植物是吃它的茎，还是吃它的果？'我的答案：'吃它的果。'他又问：'这种可以吃的东西，形状是长的，还是圆的？'我的答复是圆的。他又问……"

不待杨老师说完，一个叫金善葆的学生跳一般地站起来说："老师，是橘子！"

杨老师不再说下去，动手打开纸盒，把里面的两个橘子拿出来，又引起一片笑声。

杨老师用他沉着的声音，压倒了一切笑声说："你们猜对了，果然是橘子。怎样猜出来的呢？因为你们用了一个很有效的办法：讲理。"

杨老师在黑板上写下"讲理"两个字，然后说："一件东西，如果不是液体，不是气体，必定是固体，这是一定的理。如果我说盒子里的东西既不是固体，又不是气体，也不是液体，那真是岂有此理！盒子里的东西既是固体，那它若不是动物，不是矿物，必定是一种植物。它不能既非动物、植物，又非矿物，没有那个道理。等到你们知道它是可以吃的水果，现在正是橘子上市的季节，橘子！那就理所当然了。"

杨老师继续说下去："万事万物都有理在，天阴有雨，是理；水流湿、火就燥，是理；有烟的地方有火，是理。朱熹看见山顶上有蚌壳，推断那座山顶从前是海底，也是理。自然界有理，人和人之间更靠一个理字来维持。中国有句俗话，叫'理正泰山倒'，理的力量比泰山还大。中国人批评某人行为不对，常说他不讲理；有了纷争，请第三者来评评理。你们从现在起，就该受一种训练，使每一个人明理，每一个人能评理、能讲理。怎样训练呢？那就是写论说文。从这个学期起，我要你们多写论说文。"

原来老师是这个意思。同学们又笑了。

看见大家有兴趣，杨老师的兴致也很高，他先从讲逻辑的书上引来一个故事：

有一位太太带了一个小孩在河边玩耍，他们不知道水里面有可怕的鳄鱼。小孩一不小心，被鳄鱼用尾巴打昏了，跌进水里。这位太太连忙哀求鳄鱼把孩子放回来，只要把孩子放回来，她愿意答应鳄鱼任何条件。鳄鱼说：

"我要你说一句话。"太太忙问是什么样的一句话,鳄鱼说:"你说,'我情愿让你把孩子吃掉'。"

杨老师说:你们看,这就发生了怎样讲理的问题。这位太太,如果在学校里没写过论说文(学生笑了),她就没办法应付这个鳄鱼。

当然,你们会说,这不过是一个故事罢了,世界上哪里有会说话的鳄鱼?我再讲一个故事给你们听吧:

有一位小姐,不喜欢一位先生,这位先生偏要追她,天天坐在她家里不走。这位小姐,起初还应付他,后来觉得他实在讨厌,就下逐客令,要他永远不要再来。这个男的说:"如果你答应我一个条件,我就永不再来。"小姐说:"什么条件?你说好了。"那个男的说:"你嫁给我。"

你们看,这个故事,不是跟那个鳄鱼的故事相同吗?那位小姐,不是碰见了一个会说话的鳄鱼?那位小姐,如果在学校里没学过论说文,恐怕要哑口无言了。

金善葆听见老师住口不说,着急地问道:"应该怎样回答那条鳄鱼呢?"

"回答哪一条鳄鱼?"老师这样反问。由于刚才发问的是一个女生,班上的男生想到了"鳄鱼"的双关意义,都笑出来。

说到这里,杨老师忽然提出来一个毫不相干的问题:"你们今天看报了没有?"

"没有。"

"今天报上有一段小文章,很有趣,我替你们剪下来了。谁来把它读一遍?吕竹年你读给大家听!"

下面是吕竹年读出来的一段文字:

过阴历年的时候,我坐火车到乡下去拜年。车上乘客很多,有一个人,显然是喝醉了,也坐在车上。过了一会儿,列车长来查票,那个喝醉了的乘客拿不出票来。列车长说:"请你补票。"他说:"没有钱嘛。"车长说:"没有钱为什么坐车?"他说:"要过年嘛。"车长说:"过年坐车也得买票呀!"他又说:"没有钱嘛。"

吕竹年读完了以后,杨老师模仿一个醉汉对话的口吻说:"请补票!""没有钱嘛。""没有钱怎能坐车?""要过年嘛!""过年坐车也得买票呀!""没有钱嘛!""没有钱怎能坐车?""要过年嘛!"……在同学们的笑声中,他说:"这样一问一答,可以无限循环下去,看起来,似乎没有办法说服那个无票乘车的人。但是,如果你会写论文,你就知道有办法。"

杨老师看了看手表,觉得已经讲了不少,就收起话头:"我要看看你们讲理的能力。要看你们怎样跟人家讲理,先听你们怎样跟人家吵架。我要你们把吵架的经验写出来。""吵架记",这就是作文题目。

不过,他悄悄通知吴强不必写这个题目,他早已单独交给吴强一个作文题了。

是非法

一

杨老师收到吴强的文章了,那篇文章是这样写的:

世界!我讨厌你!在这世界上,有太多的小丑,太多的无理,太多的噪音!

也许是天意?我没有别人那样流利的口才。父亲虽然请了专门的医师替我矫治,无奈没有效验。父亲对我说:"这是一个很小的缺点,没有什么关系,不要常常想着它!"是的,演算数学时,我和别人一样灵活;打球的时候,我和别人一样敏捷。在课堂上,球场上,我不弱于任何人。我只是不能参加演讲比赛会而已。可是,有些人,偏要在课堂上讽刺我,他们在球场上不肯把球传给我。我倒肯忘记我的缺点,可是他们不肯忘记。

在人声喧闹的地方,我总是觉得非常寂寞。我没有办法和别人打成一片。就是荒山上的鲁滨逊,也不过像我一样寂寞吧!不,鲁滨逊可以远远离开人群,而我不能,我和许多人在一起,他们见了我,立即会产生一种优越感。我真是莫名其妙:他们也都有短处,干吗要那么骄傲呢?

我要好好读书,出人头地,给他们看看。

杨老师承认吴强这篇文章写得不错,可是读来总觉得什么地方不对劲。不对劲在哪里呢?杨老师找出来了!他叫吴强写这篇文章的时候,心里希望吴强把它发为议论,议论有议论的口吻、笔调。吴强的这篇文章,造句的方法不像议论。然而议论又用什么方法造句呢?杨老师沉思了。

"不爱惜光阴就是浪费生命",这是议论;"流水一般逝去的光阴呀,谁能把你留住呢?"这不是议论。"心中永远不要忘记母爱",这是议论;"慈母啊!我永远感谢您!"

这不是议论。"令人厌恶"是议论;"真是讨厌死了!"这不像议论。论说文的写法是"昨天能令老年人觉醒,明天能让青年人盼望",抒情文的写法才是"去的尽管去了,来的尽管来着。……太阳,它有脚啊!轻轻悄悄地挪移了!"……怎样把这两者的区别告诉学生呢?

他想起来,做论说文的题目、用抒情的调子是学生作文的通病。例如一个叫龚玫的学生写的《论升学》:

> 两年前考学校时的情形,像电影一幕幕在我眼前晃动。考试前夜,通宵未眠,害得母亲也陪了我一夜。心情紧张得不知看哪本书好,坐在椅上发呆,直到鸡叫了,东方露出鲜红的太阳,我才在父亲、母亲、弟弟、妹妹陪同下踏进考场。然而,发榜的那一天,公布栏上却找不到自己的名字。来看榜的人一个个面带笑容走了,我却麻木地站在那儿,直到工友来关门,我才离开,在街上无目的地乱走。名落孙山!还有什么面目回去见家人?现在,我又快要去参加另一次升学考试,万一考不上呢?那真不敢想。只有多用功,每晚做功课到十二点,早上五点又得起床,这样下去,恐怕不到升学的日子,

我只剩下一把骨头了。……

你看,这篇文章虽然很好,但是偏重写自己的感觉,而不是写出自己的"意见",如果参加升学考试,如果考卷上注明要写论说文,吃亏就大了。考试是学生的终身大事,你纵有千百个理由认为分数不重要、文凭也不重要,那也只适合在考后安慰他,不适合在考前让他松懈。

论说文是"讲理",是发表意见——这样说,学生能不能领会?如果他们不能领会,换个什么样的说法?……想着想着,上课的钟声响了,杨老师只好放下这个未能解决的问题。

二

他在课堂上讲一课论说文,反复念诵课文中的句子,心中忽有所悟。下课以后,他把心中所起的那个念头捉住了,固定了,使它清晰明朗。他想起测验用的"是非题"。

还记得,当年他初执教鞭时,第一次轮到他出题,其中是非题一项煞费周折。他那时没有经验,不能立刻把一个是或非的问题组进一个句子里。

现在,他想,作文的句子似乎可以分成两类,一类是含有是非问题的句子,还有一类是不含有是非问题的句子。议论的句子,正是那种含有是非问题的句子,这种句子是在表示一种判断,其中包含对或错,赞成或反对。近年来虽然不大用是非法测验学生的程度,但是非法的测验题仍然是学生所熟悉的。如果告诉学生,"议论文的句子,很像是非法的题目",学生一定可以触类旁通。

对,就这么办。杨先生动手搜集例句,且看:

多认识朋友,就等于多读好书。(林良:《父亲的信》)

当我们关心周遭的人,生活的环境,社会的演进,这就是心智的跃升。(邵僩:《让关心萌芽》)

世界上的生物,没有比鸟更俊俏的。(梁实秋:《鸟》)

不要以愿望代替实际作为。在企图驾驭他人之前,先驾驭自己。(麦克阿瑟为子祈祷文)

从有限的生命,发挥出无限的价值,使我们活得更为光彩有力,在于我们自己掌握。(杏林子:《生之歌》)

人是为其他的人活着。(爱因斯坦:《我心目中的世界》)

苦乐全在主观的心,不在客观的事。(梁启超:《敬业与乐业》)

又有哪些句子不作是非论断?

望望满园青翠鲜嫩的秧苗,每一片叶上沾满了细小的水珠。(吴晟:《不惊田水冷霜》)

盼望着,盼望着,东风来了,春天的脚步近了。(朱自清:《春》)

我化作萤火虫,以我的一生,为你点盏灯。(郑愁予:《小小的岛》)

五里外的小镇灯火,在松针稀疏处闪烁。(李潼:《瑞穗的静夜》)

这些句子都是范例。另外,杨先生再找了一些句子考问学生:

一、下面的句子含有是非问题吗?含有是非问题者注

"+",不含是非问题者注"?"。

> 中国是一个历史悠久的国家。
>
> 人为万物之灵
>
> 氢二氧一合成水。
>
> 罗马不是一天造成的。
>
> 教我如何不想她。
>
> 人儿伴着孤灯,梆儿敲着三更。
>
> 鸟儿希望它是一朵云,云儿希望它是一只鸟。
>
> 光阴是一分一秒累积起来的。
>
> 暖风熏得游人醉。
>
> 镜也似的平湖,映着胭脂似的落照。
>
> 燕子去了,有再来的时候。
>
> 我望着明月出神。
>
> ················

他又教学生:

二、把下面不含是非问题的句子,改写成是非句:

天啊!

华灯初上,游人涌至。

我不知道他们给了我多少日子,可是,我的手渐渐空虚了。

很多人喜欢吃四川菜,也有很多人喜欢吃广东菜。

他去年没考上大学,今年考取了。

我看遍了川端桥的远影、近影、侧影。

我奉公守法,可是仍然害怕听见半夜敲门。

跳到黄河洗不清,跳进长江再洗一次。

走进图书馆,才发现自己读书少。

他把这些句子印在纸上,发给学生。他先帮助学生辨认含有是非的句子,学生就他的考题做练习。学生很有兴趣,有些人兴趣特别高,连第二组"把下面不含是非问题的句子改写成是非句"也做了。自然,写得并不全对,可是改对了的也不少。杨老师把众人改写的成绩分条编集,印了一张讲义:

(一)教我如何不想她。

1. 人永远不能忘记自己所爱的人。

2. 人不可忘记自己的恩人。

3. 受了别人的好处，一定要设法报答。

4. 受施慎勿忘。

5. 异性之间，有着神秘的吸引力。

（二）人儿伴着孤灯，梆儿敲着三更。

1. 更深人静的时候，适宜独自思考。

2. 失眠是一件痛苦的事。

3. 失恋的人内心是寂寞的。

4. 老年人需要有人陪伴。

（三）鸟儿希望它是一朵云，云儿希望它是一只鸟。

1. 凡人皆对现实感觉不满。

2. 幻想是不能实现的。

3. 意志不坚定的人见异思迁。

4. 幻想可以不受事实限制。

5. 欲望无止境。

6. 每人都认为别人所有的东西比自己所有的东西更好。

（四）跳到黄河洗不清，跳进长江再洗一次。

1. 黄河洗不清,长江也洗不清。

2. 不要因为一次失败就放弃希望。

3. 跳进黄河洗不清,淹死了,机会只有一次。

4. 还是洁身自爱第一。

(五)天啊!

1. 傻子才呼天。

2. 天神有无比的威灵。

3. 天是公正的。

4. 天聋地哑,别叫了。

(六)很多人喜欢吃四川菜,也有很多人喜欢吃广东菜。

1. 尊重每一个人的嗜好。

2. 你喜欢的,未必就是最好的。

3. 中国五大菜系,各有所长,各有所短。

4. 营养重要,口味其次。

(七)我不知道他们给了我多少日子,可是,我的手渐渐空虚了。

1. 谁也不能预知寿命有多长,只知道光阴越来越少。

2. 老人特别爱惜光阴。

3. 失去光阴的人才知道光阴可贵。

4. 时间的轮子是无情的。

5. 光阴愈无情,愈显得生命可贵。

(八)很多人不喜欢吃空心菜。

1. 人若没有真才实学,就不受社会欢迎。

2. 富人不肯吃价钱便宜的菜。

3. 空心菜没有营养价值。

4. 如果你天天吃空心菜,必定有一天绝不肯再吃空心菜。

三

在发还作业的时候,杨老师问:"刘保成,昨天晚上,你做了些什么事?"

"我去看电影。"

"那部电影好不好?"

"不好。"

"何以见得?"

刘保成一时答不出。杨老师把眼光投向另一角：

"赵华，你昨晚在家里做什么？"

"在家里洗衣服。"

"你用哪一种肥皂？"

"我用肥皂粉。"

"为什么用肥皂粉？有理由吗？"

赵华低头不答。杨老师又换了一个对象：

"金善葆！你听见了吧，他们两个人，一个去看电影，一个在家里洗衣服。你有什么意见？晚上在家洗衣服好，还是出门看电影好？"

不等金善葆答复，学生都笑了。杨老师说："不要笑，我在教你们作论说文。论文就是讲理由，就是下判断，就是表示意见。"

杨老师说："有一天，外面有球队来我们球场上赛球，你们都围在四周看。我听见你们一面看，一面批评，说这个球员打得好，那个球员打得不好，这个球员故意撞人，太不道德，那个球员个子高，为什么不去控制篮下球……你们那一片唧唧喳喳的声音，就是讲理由，就是下判断，就是'论说文'。"

"有一天,你们在大礼堂里看话剧,会场秩序很坏,因为很多人一面看戏,一面谈话。他们在谈什么呢?他们在说,某个角色为人真坏!某个角色穿的衣服不合身!某个演员的'国语'根本发音不准!这些观众都要发表意见,所以秩序不易维持,换句话说,台下所以不安静,正由于台下'论说文'太多。"

"你们,想把论说文写好的人,要养成下判断、说理由的能力。判断不是随便下的,要理由。理由从哪里来?从经验、学问里面来。把事实记下来的是记叙文,因事实引起感情的是抒情文,由事实中抽绎出理由意见来的,就是论说文了。"

"昨天,我在茶馆里,看见两个中学生在抽烟,他们抽的是双喜烟,手指头都熏黄了,这是记叙。这样小小的年纪就抽烟,怎么得了啊!少年人,你们的父母知道你们在这儿吗?你们抽完了烟还要做什么事?真使人忧虑啊!这是抒情。少年人不应该抽烟。应该有一条法律禁止少年人抽烟。中学生抽烟,这是学校教育的失败。这就是论说文了。"

写论文是下判断。下判断的语气是"是非法"的语气。

多温习几遍吧!

四

受了杨老师的鼓励,学生在写周记的时候,都纷纷在"感想"栏内写下"是非法"的句子,他们的意见也许不尽正确,但句型都对了:

社会风气造成太保太妹。家庭、学校也有责任。
《红楼梦》是一部坏书。
学校应该彻底废止体罚。
男女合班上课不如分班上课。
"国文背诵比赛"毫无意义。
一个人要想成功,一定要手脑并用。
李政道、杨振宁是天才。
道德是一切行为的标准,合乎道德的事,都是对的。
钢骨水泥的建筑,既美观,又坚固。
节俭是一种美德,但不应矫枉过正而成吝啬。

学问固然重要,但是做人比求学问更重要。

义卖红十字应该由大学生负责,他们不用再准备升学。

有些学生,从别人的文章里找是非法的句子抄下来:

坛口易封,人口难封。——俗谚
破家亡身,言语占了八分。——俗谚
忠言逆耳利于行,良药苦口利于病。——谚语
没有"侥幸",最偶然的意外都是事有必至的。
　　　　　　　　　　　　　　　——席勒
爱情是盲目的,爱人看不到他们所做的傻事。
　　　　　　　　　　　　　　　——莎士比亚
获得朋友的方法,是自己先做那人的朋友。
　　　　　　　　　　　　　　　——埃默森

吴强、龚玫,也都用是非法的句子,重写他们的思想:

在这世界上,最缺少温暖和同情心。

一个弱者,更要努力上进,出人头地。

人人都有缺点,只不过不一定是口吃罢了。

——以上吴强

升学考试是一场激烈的战争,你不能退缩。

不要紧张过度,以免疲倦、消瘦、记忆力减退。

在升学竞争中淘汰下来,只是一时的挫折。

成功的滋味虽然甜蜜,但是要先尝过失败的滋味。

世上无人像母亲那样宽容,她永远原谅你。

——以上龚玫

拿证据来！

一

星期天,杨老师赶着批改作文。他坐在那里,作文簿堆积起来高过了他的头。时间一分一秒过去,杨老师从作文里面看见了学生的进步:书法比以前整齐了,造句比以前通顺了,以前改正过的错别字现在不再出现了,这些情形,使他觉得很欣慰。不过,旧的毛病医好,新的毛病又出现了。

题目是"吵架记",有些学生写出来的却是"骂架记",一言不合,破口大骂,各种难听的字眼都可以骂出来。不错,这是常有的事,社会上有些人往往放着该讲的道理不讲，去从事骂人的竞赛。

还有一些学生，写成了"打架记"，从作文里面看，他们对用武力解决纷争很有经验，其中比较严重的情节，竟有"明天晚上九点钟我在植物园等你"。

还有几篇作文，描写自己与别人发生争执，受到人家狠狠的训斥，自己却没有还嘴，忍气吞声了事，这样的文章，只能算是"挨骂记"。不论骂架也好，打架也好，挨骂也好，"总而言之，都不会讲理。"杨老师暗想。

为什么他们不心平气和地讲理呢？有几篇作文，给杨老师一些启发。金善葆这样写道：

> 我从李丽玉那里借来一本小说，正看得津津有味，忽然外面有人喊我，我就把小说合上，走出教室。等我从外面回来，一看小说不见了。奇怪，被谁拿去了呢？我东张西望，哼，赵华手里拿的不正是它吗？我走到赵华座位旁边问她："你为什么拿我的小说？"赵华说："你的小说？你也是借了人家的！"我一听这句话，简直气昏了，我说："你真不要脸！"……

可想而知,下面一定是"相骂无好口"了。

吕竹年写的是:

……这几天,失魂落魄的,总是忘记带东西。前天,上化学课,老师进门以后就说:"我们要做测验。"我赶紧翻书包,糟糕,一张测验纸也没有,只好向小林借,小林趁机会敲竹杠:"得请客。"好,请客就请客。昨天作文课,临时发觉忘了带毛笔,这回向谁去借?忽然想起来蓓蓓有两支毛笔,借,是没有问题,又得以请客做条件,我只好认了。谁知道,今天出门忘了带请客的钱,两个人以为我故意不带钱,指着我的脸,你一句,他一句,说个不休。我急了,大喊:"你们都是强盗!"

吵架是怎样变成骂架的?这是两个例子。这两个作者,平素没有培养讲理的技巧,一旦被人家拿话塞住了嘴,心里就急起来,一着急,就任凭情感奔放、意气用事了。甲明明知道乙的话不对,可是又指不出错在哪里,只好说:"你的嘴巴大,直着量,八尺;横着量,也有八尺!"乙也用同样的话反击说:"你有一张樱桃小口,可惜配了一副驴脸。"旁观的学生说，他们吵架的时候，有的人脸会发青，手会发抖。咳，咳，何苦来？

推开作文簿，杨老师泡了一杯茶。他的脑子里起了一幕一幕的幻景。他看见身材修长的赵华，正戴着她的近视眼镜，专心读一本书。而金善葆，那个即使在冬天两颊也像苹果一般红的女孩，非常着急地赶了过来："喂，赵华，急死我了，我以为把书丢了呢！赶快还给我吧。"赵华却贴胸抱紧了那本书："让我看完了再还你吧，我被这个故事迷住了。"另一个的回答是："我也很喜欢这个故事，我也刚刚看了一半，舍不得丢开，你总不能硬拿你的痛苦换走我的快乐。"这一个只好说："你有理！"恋恋不舍地把书交出去……

啊，不是这样的，幻景又换了一幕：赵华坐在教室里面的座位上，埋头看那本小说，金善葆怒冲冲地赶过来："赵华！你怎么拿我的小说？"赵华忙把小说合起来放在背后，还她一句："你的小说？你也是借了人家的！"金善葆忽然微微一笑："赵华，我'也'是借了人家的。我借了人家的小说，得还人家是不是？你拿了我的小说，也得还我，是不是？……"不，金善葆不是这样说的，她会说："我借了人家的小说，有保管的责任，所以你必须还给我……"

喝了半杯茶，杨老师的眼前又浮起另一幕情景：楚望杰，这个做什么事情都粗心的孩子，伏在桌上修理他的钢笔，修了很久，墨水仍然不能从笔尖流下来。他一时情急，倒提着笔往地上摔，想把皮管里的墨水摔到笔尖上来，却不料墨水溅到刘保成身上，弄得制服上两排蓝点子。刘保成大怒，也掏出自己的钢笔，向楚望杰甩去……

不，不可如此，他只须走到楚望杰的座位旁，指着衣服上的蓝点子说："这是你弄的，怎么办？"而楚望杰，他很惊惶地说："非常对不起。"刘保成着急地说："道歉有什么用？回家后，妈妈要打我。"楚望杰说："坐下，我们想办法解决，总有办法的。放学后我跟你走，先到你家里，向刘妈妈赔礼，这样行了吧？"

"总而言之……"杨老师结束了他的幻想。

二

上课了。

"老师早!"

杨老师说:"你们都早!比我早得多!我昨天从校刊上还看见金善葆的文章:《早起的好处》。我记得,她在文章里面,引了一首歌,来证明早起好。"说到这里,杨老师就把校刊打开,朗诵起来:

> 大公鸡,请你早点啼,
> 唤醒小妹和小弟,大家都早起。
> 早晨空气好,读书最容易,
> 专心读几遍,永远不忘记。

金善葆本来有一双苹果红的脸颊,这时听见老师公开宣读自己的文章,又惊又羞,脸一直红到脖子,她暗想:"老师是什么用意呢?"老师马上把用意说出来了:

"写论说文,需要引用证据。你说多难兴邦,拿证据来;你说自由可贵,拿证据来;你说有恒为成功之本,拿证据来。你们都喜欢读小说,中国旧小说里面写到重要的事情,常常引出一首诗来,叫作'有诗为证'。《三国演义》写赤壁鏖兵,来一个有诗为证,诗云:'折戟沉沙铁未销,自将磨洗认前朝。东风不与周郎便,铜雀春深锁二乔。'《三国演义》中有诗为证,如今金善葆的文章,也有诗为证。"

大家一阵笑。等笑声过去,杨老师已经在黑板上写下一行字:

三年级二班的学生,都不会写论说文。

他问大家:"这个句子合乎是非法吗?"

学生认为符合。

"那么,你们赞成不赞成?你们认为这句话对,还是不对?"

说"对"的也有,说"不对"的也有。

杨老师说:"假使我把这句话写在纸上,寄给一百公里以外的一个人看,问他有什么意见,他一定说不知道,没有意见,他不知道我的话对不对,因为我没有举出证据来。我应该把你们写的'吵架记'统统寄给他,常常吵架、常常打架的人,没有能力用语言解决争端,也没有能力写出很好的论说文。如果我写信告诉人家说你们写不好论说文,同时又把你们写的'吵架记'寄给他看,那么我的这封信本身就像一篇论说文了。"

杨老师继续说:"议论,单单有诗为证,还不能算是很好的办法。我们为什么要把证据写出来呢?因为我们要人家相信我们的意见,希望人家赞成我们的道理。有证据,人家才相信;没有证据,人家不容易相信。这种证据,需要有力量,需要是所谓有力的证据。而诗歌这种东西,作证的力量比较薄弱。什么样的证据才有力量呢?需要用事实作证据,事实是可靠的,人家会觉得你的意见也可靠,事实是真的,人家会觉得你的道理也真。所以,我们不仅要有诗为证,还得'有事为证'才行。"

杨老师吩咐每人拿出一片纸来,写一件"早起的好处"的"事实证据"。他把这些纸片收齐了,一张一张地看,看了几张以后,他宣布:

"赵华说,她认识一个三十多岁的太太,这位太太有好几个孩子,家务事很忙,可是身体很健康,脸上有一种光彩。她为什么没有憔悴呢?因为每天早起。赵华说,这位太太在几年前生过一场大病,医生吩咐她每天六点钟起来散步,她照着医生的话去做,身体很快地复原了,她一直保持着这个早起的习惯,也一直保持她的健康愉快。这是一件事实，是赵华亲眼看见的事实，它可以为'早起的好处'作证。"

杨老师再宣布第二个证据：

"有了这个证据，是不是够了呢？还不够。这位太太从早起得到健康，只有赵华一个人知道，我们都不知道。如果另外找一个证据，找一件我们每个人都知道的事，作证的力量会更大些。看刘保成举出来的证据吧：他说，我们的校长，每天黎明的时候起来爬山，如果天下雨，就在走廊下面打太极拳，所以，我们的校长尽管年纪不小了，面孔还是红红的，说话声音很响亮，从来不生病。我们人人都认识校长，我们人人都承认他由早起得到健康，由他来作证，对我们更有说服力。"

杨老师放下同学们写来的证据，说："这样，是不是够了？不够，本校的师生，人人认识我们校长，本镇的居民，大部分都认识我们校长，可是台南、台北的人，未必认识他，不知道他'由早起得到好处'的经过。论文是写给所有的陌生人看的，所以，论文里面的例子，还需要另外一种事实，那就是公认的事实，像历史事实，记载在史书里面，人人有机会知道，这种历史事实，经过古今历史家的评定，人人都可以相信，把这种事实举出来作证，力量更大。"

"在这里，楚望杰举出来一件历史事实，他说：祖逖和刘琨闻鸡起舞，后来做出一番事业。祖逖和刘琨，都不是躺在床上睡懒觉的人，他们闻鸡起舞，来锻炼自己的体魄和武艺，他们闻鸡起舞，来鼓舞朝气，来抒散胸中待机报国的热情。'早起好'，楚望杰用这件历史事实来加以证明，更有力量。"

杨老师翻看同学们送来的证据，发掘问题。为什么没人提到张良呢，张良早起，才碰见那个神秘的老人，才从老人那儿得到争霸天下的方法，这个故事你们是知道的啊！拿破仑也早起，所以他能实现那么多的计划，他常说人并不需要睡眠八个小时，你们怎么把他也忘了。还有曾国藩，他早起，他的后代也都早起，他传家八个字，其中一个就是早，早起。这件事也许你们不知道，现在知道了，要记住，不要忘了。有一天需要证据，你拿起笔来，就像体育老师吹哨子，这些证据都跑步过来集合，等你挑选。

三

写论说文要拿证据来,杨老师念念不忘。证据不但有说服力,每一条证据也带来很多文字,考卷上的文章,作文簿里的文章,都不要求长篇大论,面对题目,你如果掌握两条三条证据,文章简直就可以一挥而就了。拿证据来也不需要多高的天才,记忆力加上一点组织的能力就成了。他利用各种机会提醒学生:证据!证据!

为了支持你的论点,你不能只有一个证据,只有一个证据叫孤证,力量还是太小。因此,杨老师要他们重读胡适写的一篇文章:《社会的不朽论》。胡先生说,我们每一个人,即使是一个平凡的小人物,一言一行,都会对别人留下影响,受到这种影响的人又影响了别人,辗转展开,无穷无尽,而且永不消灭。他说这就是不朽,他称为"社会的不朽"。

他这篇文章很长,很雄辩,他说一个人弹三弦如何影响了一位诗人,诗人因此做出一首诗来,这首诗又影响了多少读者,生出无量的念头,产生无量的行为,每一个读者的念头和行为，又如何辗转影响无量的他人。他写一个生肺病的人朝路边吐了一口痰，痰里的病菌如何辗转传染造成一场灾难。他写印度的一个穷人死了，尸体暴露在外，如何影响了一位王子，这位王子创立了一个宗教，传遍世界。

文天祥的《正气歌》是他们的国文教材，杨老师换了一个角度。他说文天祥认为天地间有一股正气，人间的忠臣烈士都是正气化身。他一连举出十二个人物，也就是十二个证据，当然不止十二个，还有我文天祥，也不止我文天祥，还有无数继起者。没人拿《正气歌》当诗歌看，它是文天祥的主张和宣言，十二个证人像十二根钢钉把他钉在十字架上，坚不可摧，牢不可移，产生很大的说服力。

还有刘禹锡的《陋室铭》，曾经选入国文教科书，现在杨老师指出，刘禹锡认为面积狭小、设备简单的房子，可以在精神上非常丰富，成为文化的地标。他举了两个例子，也就是两个证据，南阳诸葛庐，西蜀子云亭。

孟子有一段话也是同学们念过的，孟子认为上天安排一个人担当重大的责任，他先让这个人吃苦，也就是说，现在肯吃苦，将来才会成大功立大业，受人尊敬。他引述好几位历史人物的成长经过当作例证：他说舜曾经在乡下耕田，后来做了国王。傅说曾经做水泥工人，后来是商朝的宰相。管仲曾经是个囚犯，后来做齐国的宰相。孙叔敖在海边隐居，后来做楚国的大官。百里奚曾经是俘虏、逃犯，后来做秦国的大官。他一口气举了这么多证据。

四

学生的作业来了，有几篇写得很好。

超越障碍

吴强

贝多芬到了晚年，慢慢地失去了他的听觉。听觉是音乐家最重要的官能，音乐家可以瞎，可以跛，不能聋。可是贝多芬克服了这个困难，他在耳聋以后，仍然写出来伟大的乐章。

法国的英雄拿破仑，横征欧陆，不可一世。直到今天，法国人听到拿破仑的名字，还觉得骄傲。其实这位英雄的外形非常平凡,他很矮,有点驼背,但是他给法兰西创造了光荣。

米尔顿,英国的诗人,在英国的克伦威尔时代,米尔顿原是个重要的人物,他对政治很热心。不幸他眼睛生病,几乎瞎了。他隐居写诗,世界上多了一些伟大的诗篇。

还有罗斯福,美国在二战期间的领导者,他是个很出色的总统。可是,我从纪录片上看见,他走路是跛腿的。原来他得过小儿麻痹症,留下缺陷。

贝多芬、拿破仑、米尔顿、罗斯福,他们的身体都有缺陷,然而他们都是了不起的人。可见,身体有缺陷的人,将来一样可以有他的成就。

谈谈男女合班

吕竹年

自古男女有别。女生喜欢多嘴,天天唧唧喳喳,常搬弄人家的是非,男生喜欢打架,逞英雄。班上有了女生,男生不知不觉都觉得自己了不起,都想在女生面前做好汉,班上添了多少打架的事!

还有，班上有了工作，男女生总是互相推诿。男生骂女生懒，女生骂男生小气鬼。开班会，男女分成两个壁垒，你赞成的我反对，你反对的我赞成。还有，体育课的课程，男女不同，每逢上体育课的时候，老师都要花一半时间教男生，再花一半时间教女生。这不是只有一半效果嘛！

总而言之，男女合班不是好制度。

说故事

一

有一天，杨老师在校园里碰见几个学生，他留在那里跟学生闲谈了一会儿，谈到国文的时候，杨老师希望他们对国文教学发表一点意见。学生说："别的老师教国文，常常讲故事给大家听，老师您教国文，只讲是非法，您为什么不讲故事给我们听呢？"杨老师说："好，下一堂课我就讲故事。"

当当当，上课了。学生们都知道杨老师要讲故事了，一个个睁大了眼睛等着听。杨老师走上讲台，宣布这一堂课要讲故事，底下有人情不自禁地鼓掌。在掌声中，杨老师要大家打开课本。

学生立刻觉得失望,一齐喊道:"老师讲故事!老师要守信用!"杨老师微微一笑,用手指着课文说:"当然守信用,当然讲故事,教科书里有很多故事,教科书的编辑委员知道你们爱听故事,今天就给你们安排了故事。先看看课文吧。"

学生这才打开课本。这一课是彭端淑写的《为学一首示子侄》,他的中心论点是:天下事有难易乎?为之,则难者亦易矣;不为,则易者亦难矣。在这篇文章里他说了一个故事,他用故事来表现思想。

他说,四川偏远的地方有两个和尚,他们都想到南海朝圣。南海,浙江沿海的普陀山,观音菩萨的道场,出家人心目中的圣地。由四川的乡下到浙江沿海,这条路很长,那时候又没有飞机也没有高铁,其中有一个和尚很有钱,他打算包一条船从长江出川,横贯湖北、湖南、江西、安徽、江苏出海,再从海路到浙江的杭州湾,登上舟山群岛的普陀山。他一直这样打算,没有动身。另外一个穷和尚已经南海朝圣回来了。他是怎么办到的呢?他说我有一个水瓶,可以随身带水;我有一个钵,可以化缘请人家施舍食物;

我用自己的两只脚往前走,一天走五十里,十天就是五百里,一百天就是五千里,一年可以走一万八千里,还有什么地方走不到?结果,有钱的和尚没能够去,穷和尚倒朝圣回来了。这不是天下无难事吗?这不是不问困难不困难,只问肯干不肯干吗?和尚朝圣是这样,我们读书求学也是这样。

杨老师说,这位彭先生不是为了你们爱听故事而说故事,他是主张"不要怕难、只要肯学"而说故事,他用故事帮助他论说。故事怎么会帮助论说呢,因为故事都有含义,故事引起我们的情感活动,听完了故事,我们开始理智活动,你听完故事以后照例要想一想,这一想,找到了它的含义。一个和尚挑水吃,好辛苦!两个和尚抬水吃,好轻松!三个和尚没水吃,好不令人担忧,没水吃怎么行!这是情感活动,接着一想,人多了,该有组织了,组织很重要,权利义务,规则办法,仍然有水吃,这是理智活动。如此这般,那位彭先生把他的意见装在一个漂亮的盒子里送给你。

二

自从学生要求说故事以后,杨老师对课文里面的故事总是要强调一番。清朝古文家刘蓉写的《习惯说》一开始就讲故事:那年代住宅都很宽敞,刘蓉可以在他的书房里散步。那年代一般人家也不铺地板,屋子盖在泥土上,时间久了,泥土流失,有些地方会洼下去,刘蓉在书房里散步的时候,走到低洼的地方,有几乎要跌倒的感觉,时间一久,也就习惯了。后来他把洼处填平,恢复正常,走上去反而吓一跳,几乎被绊倒,可是再过一段时间,又习惯了。

刘蓉在说完这件事情以后才开始正文,他感叹:习之中人甚矣哉!故君子之学贵慎始。他在议论之前先说故事,用故事开场。故事,它有一种特殊的魅力吸引我们,使我们注意它,喜欢它,听完了还一直想它。故事的这种魅力是从哪儿来的呢?原来故事能发生两种作用:第一,它能给我们趣味;第二,它能启发我们的思想。它既然能给我们趣味,文章开头先讲一个小故事等于正餐之前的开胃小菜。它既然能够启发我们的思想,它的作用,跟一篇论说文的作用，在某一点上可以联合起来。

那篇《为学一首示子侄》，是把故事放在文章的中间。这是最常见的一种办法，先发一段议论，中间说一个故事，然后再发一段议论。最近若干年来，通行另外一种办法，把故事放在文章的开头。这个办法更好，它可以一开始就抓住读者，让读者继续看下去。

有一个美国人，他说他有一次到非洲去旅行，在非洲坐黄包车，跟车夫谈天，美国人说："拉车很苦吧！"车夫说："可不是嘛！不过再过两个月我就不拉车了。"美国人问："为什么不拉车了呢？"车夫说："我参加美国的一家函授学校，学分已经修完，再过两个月，他们给我一个学位，我就是哲学博士了。"这是一篇文章的开头，文章的题目是《美国教育的危机》，它检讨美国教育的种种缺点，包括"滥授学位"。

在好莱坞，男女电影明星常常成双成对出出进进，他们经过的时候，商家和行人非常高兴地注视他们，等他们走过以后，又对着他们的背影指指点点地议论。一个男明星和女明星一块儿走过去，大家在背后议论：他们两个什么时候结婚啊！后来，那两个明星结了婚，又一块出来散步,旁边的人又在那儿暗中议论:他们什么时候离婚啊!这是一篇文章的开头,这篇文章的题目是《美国没有终身大事》。

有一个小故事很像童话。民俗相传,所有在水中生长的动物(我们今天称为水族),都归龙王爷管辖。在这个基础上,有人创作了一个故事。有一天,龙王爷下了命令,所有带尾巴的水族都要杀掉,顿时造成一片恐怖气氛,池塘里的青蛙也哭哭啼啼。

"你们没有尾巴,何必担心呢?"

"我们以前是蝌蚪啊!"

这个故事是古人写的,想不到吧?今人写政论,一开头引用了这个故事,想不到吧?说完了故事,政论作者接着说的是,某个年代,人人互相检举,揭发你童年犯的错,揭发你祖上犯的错,千方百计给你定下罪名。政论作家借这个小故事提高分贝:那段岁月荒谬,像龙王要杀尽带尾巴的水族;那时代人人恐惧,连没有尾巴的青蛙都半夜痛哭。

三

杨老师除了在课堂上强调小故事，课外也随机灌输小故事。有一次，学生提到孟子，杨老师就顺便提到孟子是一个会讲故事的演说家。孟子对他的学生说，天地间的事情，都不能勉强速成。为了配合他的道理，他说了一个故事，他说：有一个种田的人，嫌自己田里的稻子长得太慢，就伸手去拔，拔过之后，稻苗立刻高了一些，他觉得这个办法很好，就把自己田里的每一棵稻苗都拔高了。他费了很大的力气，可是第二天，太阳一晒，稻苗都死了。你看这不是勉强速成害死的吗？

有一次，讨论文言和白话的问题，学生问"鹬"这个字白话怎么说。这个字虽然不常见，倒也没有白话文言之分，它是一种在海边生长的鸟，腿长嘴也长，能够站在浅水里啄食小鱼，古人今人都管它叫鹬，地方上也许有土话方言，我们不知道。

这就提到鹬蚌相争，蚌在海岸敞开外壳，鹬伸嘴去啄蚌肉，蚌急忙把外壳合起来，把鹬的嘴紧紧地夹住了。蚌不敢打开它的壳,鹬抽不出它的嘴,双方僵在那儿。蚌暗想,时间对我有利,三天之后,你会饿死。鹬也暗想,时间对我有利,三天之后,太阳会把你晒死。谁知道当天就来了个打鱼的,他一伸手,连鹬带蚌一起装进他的鱼篓里去了。

杨老师说,鹬蚌相争,渔人得利,战国时代有一个人叫苏代,这个故事是他讲的,苏代劝赵国不要去攻打燕国,因为秦国在旁边等你们两败俱伤呢。

学生讨论,鹬的嘴虽然被蚌夹住了,脚、腿、翅膀还是自由的,为什么不带着蚌逃走呢?一定是蚌太大了,鹬拖不动。对,蚌大力量大,夹得牢,鹬的嘴才抽不出来啊!或者是那个鹬年纪很小,第一次单飞就倒霉。要多大的蚌夹住多大的鹬呢?老师,可以做实验吗?杨老师笑得合不上嘴,他说理论上应该是可以实验的,不过大概没有什么人去做这样的实验,因为实验出来的结果没有什么用处。

有一个学生说,"鹬蚌相争,渔人得利"的故事很像短篇小说。杨老师说对极了,这个故事有冲突、有顶点、有解决,合乎短篇小说的要求。耶稣讲过一个浪子回头的故事:一个人有两个儿子,大儿子安分守己,小儿子闹着要分家,父母没办法,只好把财产分给他。他带了所有的钱,到外面去旅行，花天酒地，把所有的钱都花光了，最后落得了给人家放猪为生，有时候肚子饿了，就吃猪吃的东西。有一天，他彻底觉悟了！他要回到父母的身边去，接受任何处罚。他跪在父亲面前，痛哭流涕，他的父亲完全原谅了他，恢复他在家庭里面原来的地位。这就是有名的浪子回头的故事，耶稣说这个故事，劝人勇敢地悔改信教。西洋人说这是历史上最早的短篇小说，耶稣布道是汉朝的事了，咱们这个鹬蚌相争在战国，大致估算一下，至少比他们早三百年。

四

杨老师给学生们推荐了下面的文章：

（一）捐器官

一个年轻的男孩，不幸死于枪击，恰巧在这个时候，一个病况危急的女孩需要动手术换心。那男孩的母亲当场决定把儿子的心脏捐出来，植到女孩体内，挽救她的生命。(先说一个小故事,引起读者的兴趣。分段,以免段落长,容易使读者疲劳。)

一个人在去世后捐出他的某一个器官,由医生动手术移植,可以治疗另一个病人的绝症,这就是全世界都在倡议的器官捐赠运动。捐赠器官的人和接受移植的人照例互不联络。美国有个全国器官捐赠日,十八年后,推动器官捐赠的组织特别安排他们在这天见面。(继续说故事,顺便解释故事的背景:器官移植。本段末句将故事导入高潮。在此处再分段,拖延时间,引起读者的期待。)

当然,这是一条动人的新闻。当年捐出儿子心脏的那位母亲,把耳朵贴近那女孩的胸口,闭上眼睛,静听心脏的跳动。她对前来采访的记者说,我的儿子在里面,她又说,我觉得好像得到一个女儿一样。(高潮后故事立即结束。小故事要短小。)

器官捐赠组织说,一位捐赠者的器官如果都很健全,将有八位生病的人受益,也就是说,一个人死后能使八个人"再生"。捐赠者填表编号登记,患病的人排队等候移植,谁也不知道对方是谁。虽然不公开,作业很公平,不受金钱、权力、人情的干扰。这是善行义举,值得提倡。(读者受小故事吸引,正是注意力最集中的时候,作者推出主题,鼓吹捐赠器官。)

新闻报道说,器官捐赠组织统计,华人对器官捐赠反应最冷淡了,华人社团曾经专门开会讨论,这是为什么。有人解释,华人一向重视"全尸"。(添加资料,深入讨论,文章得以延长。)一位退休的外科医生立即提出相反的意见,他在医院工作几十年,一天开门六件事,切胃,切肺,割肾,割胆,割盲肠,割摄护腺。为了治疗癌症,割乳,割子宫;因车祸截肢;因糖尿病切趾。病人或他们的家属个个跟医院签下同意书,没听说有人考虑"全尸"的问题。(出现外科医生,等于出现另一个小故事。)

许多华人表示,他可以为自己的亲人捐出一个肾来,若是为了不认识的人,不相干的人,甚至为了不喜欢的人,有嫌隙的人,他为什么要照样做?(在全尸问题之后再加一次转折,使内容丰富。)有人说,这是中国的国情,为了适应国情,台湾首先考虑修改法规,你可以指定把器官捐给亲近的人,甚至可以指定捐给好朋友。这是跟中国国情妥协吗？只要能多救人，能增加好人好事，我赞成这种妥协。(转折中。作者没有表示意见。一再转折之后，作者最后一锤定音，鼓吹捐赠器官。)

(二) 人跟人不一样

台湾高雄有一个六龟山区，地形狭长，道路崎岖，在194平方公里上，住了一万四千多口居民，平均每一平方公里七十多人，可以算是人烟稀少。(这是查了数据来的，要学会怎样利用数据。这几个数字对人烟稀少很重要，而人烟稀少对下面出场的人物很重要。)住在这里的人更需要对外联络，因之更需要邮局，因之更需要勤劳服务的邮差，正确的名称是邮务士。(先布置舞台，再呼唤人物出场，层次分明。)

且说这位女士，大学毕业以后投考邮局(抓住人物特征)，邮局把她派到六龟，她每天骑着摩托车在山路上跳跃奔腾，有时为了送一封信往返九十公里。南台湾天气热，雨水也多(抓住环境特征)，她服务不打折扣，还有多余的心情(或者说多余的热情)跟那些独居的老人闲话几句，留下关心。老人难免天天吃药，也难免不能按时到山下的药房去取药，这位邮务士就利用送信之便替他们带药，那些老太太常常坐在门口，数算她送信的时间。（抓住行为的特征。以上是一个故事。）

可是人跟人不一样。（先下断语，下面开始另一个故事。）东台湾花莲有一处名胜叫"清水断崖"，那地方从山腰开出一条公路，公路下面到山脚几乎垂直，山脚插在海水里，很险，也很美。（也是先介绍环境，因为文章是给陌生人看的。）这条路对游览观光的人很好，对邮务士就不同了。（人物出场。）送信，每天重复做同样的事情，没有新经验，没有新挑战，不需要学习，也没有进步，很容易疲劳厌倦，天天在那样一条公路上开车，也不是很安全。人跟人不一样（点题），有时候，他累了，想回家了，就把没有送完的信件包裹朝断崖下面一丢了事。他认为那地方不会被人发现，海水也会把他丢弃的东西冲走。你看，人跟人不一样！（重复一句。）

事情还是败露了！台湾发展观光事业，"清水断崖"的游人越来越多，游人喜欢朝断崖下面丢垃圾，垃圾太多了，政府就要大动作清理，动用机器设备，用绳索把人从断崖上吊下去，没有投递的信件包裹一一被捡上来。

（这是第二个故事，两个故事里有两个不一样的邮务士。）

人跟人确实不一样。（再一次点题。）难怪古语说"人心不同，各如其面。"（这叫作引用权威，本书另有专篇论及。）

（可以到此为止，也可以继续说下去。）

肌肉

一

学生看见杨老师走进教室,一致嚷起来:

"老师,讲故事!"

杨老师说:"不能再讲故事了,上一次我们讲故事讲得太多了。拿论说文来说,故事好比是炒菜的味精,少放一点可以提味,千万不能多放;故事又好比是一种化妆品,可以使一篇论文特别漂亮一些,会化妆的人,自然也不乱用化妆品。"

学生仍然不死心,还是嚷着要听故事。

杨老师说:好,好,我们来个折中的办法。我们要提到一本小说,那就是大名鼎鼎的《红楼梦》。

大部分学生都看过《红楼梦》,知道这是一本爱情小说,现在听说这本书要进课堂,脸上都露出笑容。

杨老师说,前些日子,我看你们的作业,有一位同学在作业簿上写了一句话:《红楼梦》是一本坏书。这句话是一种判断,是对《红楼梦》的一种批评,他的态度,正是写论文的态度。我曾经问这位同学,凭什么理由断定《红楼梦》坏?他说,这是教会的牧师告诉他的。不错,你如果到教堂里去问牧师,十个牧师就有九个说《红楼梦》是一本坏书,他们反对教徒看这本书;在初级中学里面,也有很多老师禁止学生看这本书。他们的意见是:

我们不应该看坏书。

《红楼梦》是一部坏书,

所以我们不应该看《红楼梦》。

杨老师说:"这三句话,可以算是一篇论文的骨架,骨架上面,势必要附上肌肉。这些肌肉是什么东西呢?你们早已看见过这些东西了。有些学生,进步比较快,早已会在他们的论说文里安排这些东西了。"

"你们都读过胡适先生的那篇《不朽论》,他说:一个弹三弦的人,留下了不可磨灭的影响;一个生肺病的人,也留下了不可磨灭的影响。这两句话,好比是两根骨头,为了把那个弹三弦的人怎样辗转影响别人说个明白,胡先生写了好几百字。那个生肺病的人又怎样辗转影响别人,文章里面也用了一两百字。你看,一句话变成好几百字,而好几百字仍然离不开那句话,这就是骨骼支持肌肉,肌肉附着在骨骼上。"

杨老师又特别提到班上的吴强同学,提到吴强写的一篇作业,认为人在生理上纵然有某种缺陷,仍然可以有很大的成就。他在这篇文章里,安排了一个骨架。他说,罗斯福生理有缺陷,可是罗斯福有了不起的成就;米尔顿在生理上有缺陷,可是米尔顿后来有了不起的成就。由此可见,身体上某一部分的弱点,并不能阻挡这个人努力和发展,只不过换一个发展的方向罢了。这个骨架,说来不过五六句话,可是吴强也写了好几百字,这也可以看出骨骼肌肉的关系。

不待同学发问,杨老师采取主动:肌肉到底是什么东西呢？就是把你拿来当作骨骼的那句话，解释清楚，说个明白。

他把话回到《红楼梦》上，《红楼梦》是一部坏书，理由究竟在哪里？它的罪状是什么？这种说明，就是论文的肌肉。我们不应该看坏书，我们为什么不应该看坏书？坏书对我们有什么害处？应该解释清楚，这种解释，也是论文的肌肉。

他开始把球抛给同学们：我们先研究《红楼梦》为什么是一部坏书？这要先问《红楼梦》的情节是什么。他叫刘保成把《红楼梦》的情节说出来。

刘保成很勇敢地站起来说："从前，一座荒山下面有一块石头，这块石头能大能小，还会投胎做人。后来，他变成一个公子哥儿。后来，那个公子哥儿，天天带着这块石头。后来……"

杨老师用手势打断他的话，问道："你打算用多少时间来说明《红楼梦》的情节？"刘保成说："我不知道。"当刘保成站起来讲故事的时候，全场鸦雀无声，一双一双小眼睛都睁得很大，大家一致注意他讲些什么。后来听刘保成说"我不知道"，全场在紧张中感觉到一阵突然的轻松，爆出一阵哄堂大笑，杨老师也跟着笑了。

杨老师说："你应该知道你可以用多少时间来说明《红楼梦》的情节，因为你应该知道你的一篇论文有多少字。如果文章是五百字，说明《红楼梦》的坏处最好不能超过三百字。如果文章是一千字，说明《红楼梦》的坏处最好不超过五百字。你不能让一只胳膊或者一条腿长得太粗。我看刘保成倒是《红楼梦》的忠实读者（学生都笑，连刘保成自己也笑），不过，照他这样讲下去，绝不是短时间能够讲完的，这一学期我们不用讲别的了。照这个情势看，要写这篇文章，先到书店里去买一部《红楼梦》，然后，在书底下贴一张字条，上面写着：我们都不应该看这一本坏书，就可以交卷了。有这样的办法吗？"

学生的回答是微笑。

杨老师继续说："刘保成，刚才你也许很难为情。我希望你能由此记得，你应该有一种能力，把一件复杂的事情找出它的要点来，用很简单的话说个明白。你必须有这个能力，如果没有，要从现在起培养这个能力。"

杨老师朝着全班同学用力地重复了一遍："你们都应该有这个能力，如果谁还没有这种能力，也要从现在起开始培养。在《三字经》里面,这叫撮其要,记其事。据我所知,《红楼梦》主要的情节是三个人的恋爱,这三个人年纪都很小,大概十四五岁,或者十五六岁。论起来,这个年龄不是谈恋爱的年龄,他们太小,太幼稚,太不懂得人生,他们的爱是错的,是不成熟的,是可能发生危险的。在这三个人里面,至少有一个人,他的责任很大,家庭对他的期望很高,可是他讨厌别人对他的期望,他每天沉醉在爱情里,等到爱情失败了,他就逃出了家庭去当和尚。这是那部小说主要的内容。"

杨老师在撮其要、记其事之后,加入判断:这样一个爱情故事,那位伟大的小说家把它写得非常动人,那些恋爱的场面,叫人兴奋,叫人沉醉,叫人觉得神圣不可侵犯,好像做别的事情都是错的,除了恋爱以外。为了这个缘故,才有人说《红楼梦》是一本坏书,才有牧师禁止教徒看,才有老师禁止学生看。

停了一会儿,杨老师说:"我们开始讨论'我们不应该看坏书',希望你们都能发表意见,你们想想看,假使你们看了一本坏书,结果会怎样?"

学生说:"我们都要学坏了。"

"你们怎么会学坏的呢?"

"我们受了那本书的影响。"

"对了,一本书多多少少要对读者产生影响。社会上有些坏事,你们本来不知道,看坏书,通通知道了。有一些想法叫你害羞,叫你害怕,你本来朦朦胧胧地不去想它,看了坏书以后你通通想起来了,而且会常常地想它。至少在你们这个年龄,心灵应该受到保护;在你们还没有养成一种判断力的时候,有很多事情还不能让你们知道。这番意思,如果站在你们的立场上说,里面的'你'字换成'我'字,就可以解释为什么我们不应该看坏书。你们想想看,应该看坏书吗?"

"不应该!"

"应该看《红楼梦》吗?"

"不应该!"

"为什么不应该看《红楼梦》?"

"因为《红楼梦》是坏书。"

"对了,这样写下来,就是一篇有血有肉的文章了。血肉从哪儿来?记住我刚才说过的那句话:把你的理由解释清楚,把你所举的证据叙述明白。"

说到这里，杨老师觉得他说得很片面，不周全。他很想加上这么一段：

前面说过，凡是议论判断，大都有人赞成有人反对。《红楼梦》是一本坏书，这句话是可以反驳的。《红楼梦》的文学价值很高，牧师说它是"草"，文学教授说它是"宝"，也许它对你们十三岁、十四岁的人有害处，对三十岁、四十岁的人有益处。就青少年的生活教育来说，它也许要不得，就艺术欣赏来说，它不可多得！

杨老师很想强调：那也没有关系。请你们注意，我们今天教的是怎样写论说文，我们强调的是方法，方法不是酸性的，不是碱性的，方法是中性的。现在，你可以用这个方法写《红楼梦是一本坏书》，以后，你进了大学，意见改变了，可以用这个方法写《红楼梦是一本好书》。意见也许是一时的，方法是长久的。

这段话，杨先生没有说。该说不该说，他拿不定主意。教育主管部门并不主张把面面俱到的看法教给中学生，据说，那样可能使孩子们迷失方向。

他一面犹豫，一面滔滔不绝讲课：

"你说早起的人可以呼吸新鲜空气，写出来！新鲜空气到了人的身体里面，对人的生理有什么影响。你说不守秩序的人太多，车站上一片混乱，那么，把混乱的情形指给我们看。你说学生如果不用功读书，会惹父母伤心，那么，把他们伤心的样子说给我们听。你说借了人家的东西一定要归还，如果你不愿意还，别人不愿再做你的朋友，将来没有人愿意再借东西给你，你会养成不好的习惯，没有责任心。你说，在公共场所讲话，声音不要太高，高谈阔论一定惹别人讨厌，一定显得你自己幼稚，有时候也会泄露你和你朋友的秘密。诸如此类，都是论说文的肌肉。看了上面的例子，就可以发现论文的肌肉，有时候是说明，有时候是记叙，当然，它也可以是一种议论。"

杨先生想，学生一定都想知道肌肉怎样生长出来，他回到主题："生长肌肉的方法，是'说来话长'。有一对夫妇打架，第三者连忙去解劝，事后，我问那个前往解劝的人，打架的原因是什么？他说，他认为是丈夫的错。丈夫的错在哪里呢？'说来话长'，他掏出一支烟来点上，慢慢地讲出来：丈夫喜欢跳舞啦，经常不回家吃饭啦，领了薪水不交给太太啦……'这一对夫妇打架，错在丈夫'，这是一个判断的句子，一个是非法的句子，也可以说是骨头。'说来话长',下面他说出丈夫的种种罪状,那里面就不全是判断的句子了。那段话里有说明,有记叙,或者还有描写,那是肌肉。"

学生都知道"校长起床早,所以身体好",杨先生拿这句话做骨骼,校长究竟几点钟起床呢?他起床的时候路灯熄灭了没有呢?他总是到山上去打太极拳,到山上去又有什么好处呢?他有没有同伴呢?他的同伴是不是和他一样有恒呢?这些都说来话长,都是肌肉。

说到这里,下课铃响了。杨老师问:我们应不应该下课?学生一齐说应该下课。杨老师问:"那么它的肌肉呢?"有的学生说不下课老师不能休息,有的学生说不下课学生不能上厕所,有的学生说不下课别的老师没办法上课。这里议论未定,那里杨老师已经拿起粉笔盒扬长而去了。

二

这一所中学的对面,有一所"国民学校"。两所学校的关系一向很密切。中学里面的学生,有很多是由小学里升来的,小学里面有很多学生,也在希望将来能升入对面的中学。中学生和小学生之间,有些人是兄弟姊妹,有些人是亲戚朋友,大家常常在一块玩。这个学校有什么故事发生,传到那个学校里,就是轰动一时的新闻。

"国民学校"里有两个学生,一个叫程会,一个叫胡玉枝。有一天放学的时候,两个人一同离校回家。他们并排在马路上走。他们差不多是同时,看见路上有一张钞票,差不多是同时,他们弯腰去拾。

程会先把钞票拾在手里,那是一张一百元的钞票,纸张已经很脏很旧了,不过仍然是完整的。胡玉枝说:"赶快把这张钞票送到警察局里去吧,警察会把那个丢钱的人找出来。"程会不理这一套,把钱塞进自己的口袋里,拔脚就跑。胡玉枝紧紧跟在后面追赶,一面追赶一面喊叫:"钱不是你的!"这样一直追到程会的家里。

程会的母亲正在打牌。程会到了牌桌旁边,往母亲身旁找地方躲藏,胡玉枝紧追不舍,两个人围着牌桌团团转。

程太太一面打牌,一面问道:"玉枝,你这孩子要做什么啊?"胡玉枝说:"我们在路上拾到一百块钱,程会不肯送到警察局里去。"程太太说:"小傻子,送到警察局里去干什么？你们每人五十块分了吧！"说着，头也不抬，从牌桌上拿起五十块钱来，塞进胡玉枝的书包里，手一挥说："去吧，去买糖吃。"女佣从那边跑过来，连哄带推，把胡玉枝推出门去。

胡玉枝把这五十块钱送进警察局。她对值日的警员说，本来拾到了一百块钱，她分到一半，所以只能送来五十块。有一个新闻记者，正在警察局里找消息，他觉得这件小事很有意思，就写了一段新闻，送到报馆里面去。报馆的编辑，也觉得这件小事很有意思，拿来登在很惹人注意的地方。

第二天，这两个孩子，立刻变成大家谈论的人物。广播电台的记者，觉得这件新闻值得扩大采访，就拿十五分钟的时间播送了一个特别节目。

广播记者先访问胡玉枝，让听众从她口里听到拾钱分钱的经过，听到她把五十块钱送到警察局。然后，广播记者问道："你为什么要这样做呢？是谁告诉你拾到了钱应该交给警察？"胡玉枝说："是我们的导师刘老师。"广播记者对他的听众说："这位刘老师真了不起，她的教育完全成功，她一定是一位非常优良、非常尽责任的教师，她用热情、爱心和忍耐来教导她的学生，才会有这样的成绩。每一位听众一定都很愿意听这位刘老师谈谈。我已经请到了她，她就在我的旁边。"说到这里，广播记者换了口气，问身旁的来宾说："刘老师，你是用什么方法，把你的学生教导得这样好？"一个温柔的女声回答："记者先生，你太过奖了，让我把事实真相告诉你。胡玉枝这孩子，在我没有教她以前就是一个好孩子，她的好品行是家庭教育造成的，她的父母为人正直善良，给孩子做了榜样。"记者说："刘小姐，培养孩子的好品行，你认为家庭教育的力量比学校教育的力量要大，是不是？"对方回答说："是的，我相信杜威的话：教育即生活。"

中学里面的人，热烈地谈论着在小学里发生的这件事，学生们问杨老师有什么意见。杨老师说："我不表示意见，我要你们先表示意见。你们认为胡玉枝做得对吗？"学生们都认为做得对。"你们认为为了使孩子的品行好，父母要不要先做榜样？"回答是："父母最好能做榜样。"好了，杨老师说："吴强，你把大家的意见写出一个骨架来。"

吴强提起笔来一挥而就，上面写的是：

拾金不昧是一件好事。胡玉枝拾金不昧，做了一件好事。

父母的行为对子女有重大影响。父母有不正当的行为,子女容易学到不正当的行为。

杨老师把这卷子交给龚玫说:"你让它生出肌肉。"龚玫伏案写道:

假使你走在路上,看见地上有一卷钞票,它明明是别人遗失的东西,你打算怎么办?掉头不顾而去吗?把它拿回自己家中花掉吗?想办法使丢钱的人能够找到吗?这里面只有一个答案是对的,那就是:拾金不昧。你设法保存这笔钱,并且让丢钱的人有办法把钱找回去。这样,人家快乐,你也快乐。这当然是一件好事。

对面"国民学校"里面,有一个学生,名叫胡玉枝。放学的时候,她和另一个学生一同拾到一百块钱。胡玉枝主张把钱交给警察,让警察去处理,可是另一个学生坚决反对,连那个学生的家长也反对他们那样做。由于意见不合,他们把钱分开,每人五十块。天真的胡小妹妹,就把自己分到的五十块钱交给警察,她听她的导师说过:

"警察可能找到那些丢钱的人。"

这是拾金不昧,拾金不昧是好事,胡玉枝做了一件好事。报纸和广播电台把她大大地表扬一番。

胡玉枝她能够做出这件事来,另外的那个学生为什么不能呢?从新闻报道里面,我们可以知道,胡玉枝的父母都是善良正直的人,他们的行为先做了孩子的榜样;而另外的那个学生,他的母亲自己天天在那儿打牌,反而提出一种主张,要孩子们平分拾来的钱去买糖吃,她对孩子的教育也就可想而知了。父母的行为对于子女有重大的影响,父母的行为好,孩子容易学好;父母的行为坏,孩子容易学坏,因为小孩子在不懂事的时候,自然而然地会模仿大人,大人的想法和做法,很容易向孩子们的头脑渗透。这样看来,家庭教育是多么重要啊!

杨老师又把这篇文章交给吕竹年,叫他想一个小故事用在这篇文章里面,吕竹年想了一想,那个由外国传来的小故事是:

幼儿园里面的老师们跟学生家长一块儿开会,大家商量解决管教孩子的一些难题。有个孩子,名叫约翰,他常常在放学的时候把别人的铅笔带回家去,他的老师用尽各种办法,不能纠正他的行为。在会议上,大家请约翰的父亲发表意见。这位家长站起来说:"真奇怪,我也不知道是怎么一回事。我的办公室里有很多铅笔,我在下班的时候常常带些铅笔回家,家里并不缺少铅笔,小约翰为什么还要拿铅笔回家呢?"

杨老师说:"这个故事不错,家长喜欢从办公室里拿公家的铅笔,孩子就喜欢从幼儿园里拿别人的铅笔。你们把它编进论文里去吧。你们看一看,放在什么地方最合适?"

诗云

一

杨老师在学生的周记上发现了一个"是非句":"论说文里的句子,不全是用是非法写成的。"

不错,论说文里面,有叙述的成分,叙述一件事情的经过,叙述一个人的行为,叙述这个那个,都是免不了的。叙述的时候,不用是非法。"一个生肺病的人,在路上偶然吐了口痰",就没有说他"不应该随地吐痰"。说故事、说比喻,也不大用是非法。

在论说文里面,不用是非法写成的句子,究竟共有多少类呢?这个问题引起杨先生的兴趣。经过一番寻找,他

的发现是,除了故事、比喻外,还有:

诗句

描写

反问的语气

感叹的语气

恰巧有刊物来约稿,杨先生就先写了一篇《诗与论说文》寄去。这篇文章,后来做了学生的讲义。

    论说文是说明事理、提出主张的文章,它的口吻是分析的、判断的、肯定的。它的功用,在唤起读者理智的活动,使读者明事理,辨是非,对作者的主张"同意"。在这方面论说文和诗相反。诗,要唤起读者情感的活动,使他发生"同情"。读《长恨歌》,我们很同情玄宗和贵妃,可是我们绝不同意他们的观念和行为,倘若写史论,势必要批评他们。这是论文和诗的一大区别。一般说来,论文是很少"诗意"的东西。

    但是,基于种种原因,说理的人常常引诗。叙事说理者为什么对诗这样有兴趣?诗文怎样帮助了说理者?我们试作一番观察。首先,诗本身有时候也在说理。朱熹的诗："问渠哪得清如许？为有源头活水来。"他是说，士人要时时读书近道，修身养性，以保持人格的光明。李商隐的诗："历览前贤国与家，成由勤俭败由奢。"这是用诗谈政治原理。汉帝选妃，派画工毛延寿先给美女画像，皇帝凭像选择，没能从画像中发现王昭君的美丽，认为毛延寿有欺君之罪。后来王安石以为不然，他说："意态由来画不成。"这都是用诗说理。

本来，用诗说理，难成好诗，可是，说来奇怪，一般人对诗，有一种特别的尊重，至少在咱们中国有这种情形。一句"有诗为证"，就可以加强小说的真实感。格言教训，用诗的形式说出来，最容易接受流传。劝人爱惜光阴的话不知有多少，效用最大的是"一寸光阴一寸金，寸金难买寸光阴"。在这情势下，说理者引诗，等于举出有力的证词。"请看，不单是我，诗人也这样说！"

在论说文中举出有力的证词，叫作"引用权威"。所谓权威，是说那人在某一方面知道得最多，最正确，他的权威地位是知识的，不是政治的。要知道一个学校五年来有多少学生留级，你得去问教务处管成绩的那位先生，他是这个问题的权威，教育厅长来了也得问他。诗人不一定是你所需要的权威。李商隐不是史学的权威，王安石也不是美学的权威，如果诉之于理性，作证的效力并不太大。以理服人，原不是"诗"的特长。诗的长处是使人感动，使人沉醉，使人的心灵融化。到了说理者手里，诗的这种性能可以用来化除对方心理上的抵抗，诗可以把对方的壁垒加以破坏，使所说之理有隙可乘，诗本来与论文相反，这时却能相成。下面选几个例子来谈谈：

人生自古谁无死，留取丹心照汗青。

文天祥的这两句诗，含有激昂奋发的热情，临难不苟的勇气。人到了值得牺牲的时候，就应该牺牲。所谓值得牺牲，意思是说，活下去成了苟活，成了肉身的延续，人格的死亡。如果牺牲，就能从尴尬的局面中拔升，突然造成一座精神上的金字塔，而这座建筑物是活下去所永远不能造成的。活下去是减法，而死是乘法。人如果面临这种考验，最好知道怎样选择。说理说到这里，下面出现了文天祥的两句诗，诗的热情，和宋代这位民族英雄的榜样，立刻展示在读者眼前。他和他的诗感动了你，你觉得，倘若没有一个文天祥，南宋的历史多么寂寞，你不能不投他一票，因此，你对于那篇论说文中"牺牲"的主张，也不能不点头称是。

谁知盘中餐，粒粒皆辛苦。

李绅的诗，把农人的血汗指给我们看。写论说文主张节俭，可以引用这样的诗句来加强自己的主张。节俭的反面是浪费，就利害方面说，浪费容易变穷，就人情方面说，浪费布帛对不起织布的女工，浪费粮食对不起种田的农夫。说完了利害谈人情，把这首诗引出来，很可能，诗使读者的心肠忽然软了下来，陷入幻想和沉思。他可能由满院的阳光，想到那发烫的原野；他可能自己由拔草浇花，想到农夫经年的劳动。如果可能，他想招待那农夫喝几杯冷开水；如果可能，世界上的人永远不必吃饭而仍能生存，好免除千万农夫的终身苦役。目前他唯一能做到的，是爱惜粮食，不抛撒践踏，不拿好粮食喂猪喂鸡。他可以赞同你那篇主张节用的论说文。

也应有泪流知己，只觉无颜对俗人。

从前，有个读书人去考进士，没有考取，回来写"下第诗"，其中有这么两句。俗人多半势利，对金榜题名的人逢迎奉承，对下第归来的举子冷淡藐视，如今自己既然名落孙山，见了那些俗人实在觉得难过，唯有二三知己，他们知道文章憎命，他们知道"中天下"的文章未必能"中试官"，他们知道考试除了比学问还有比运气，他们不但懂得原谅，而且懂得体谅。落第的人在家中躲避俗人，却非常希望看到知己，好把受了挫折以后的泪水，对着知己静静地流下来，人之相知，贵相知心，用不着诉说解释。

现在的升学考试，也是一种激烈的竞争，谁考上理想的学校，谁的心里轻松得意，谁若不幸落榜，谁的心里就万分沮丧。落榜的人，往往业已尽了最大的努力去参加竞争，他在这场竞争中败退下来以后，特别需要知己的了解与体谅。如果要写一篇文章，提醒那些做父兄的人，对于那些落榜的子弟，务必原谅他们的失败，尊重他们的感情，可以引这两句诗，让这诗帮助别人了解一个落榜生的心理。如果要写一篇文章，劝说那些落榜的考生，请他们不要计较一般世俗的反应，希望他们的心潮能早些平静下来，也可以引这两句诗，让这诗去引导他们的情感，帮他们估定自己的价值。

商女不知亡国恨，隔江犹唱《后庭花》。

唐朝的诗人杜牧，夜晚在秦淮河边听见歌女唱《后庭花》，写出这感伤的诗篇。《后庭花》是陈后主作的曲子，据说是一种颓废淫靡的音乐，这样的音乐使陈国人心颓废，风气淫靡，最后，陈被隋所灭亡。秦淮河的歌女，对这种"亡国之音"没有一点警觉，对前朝后代的兴废没有一点悲情，还在唱《后庭花》供人享乐。竟然有那么多的听众在追逐享乐！这两句诗很能够耸人听闻，后来写论说文的人，在批评社会风气的时候，常引这两句诗来加重文字的分量。这样的诗句，能使读者产生羞耻的感觉，为那没有政治智慧的陈后主感到羞耻，为那没有灵魂的秦淮歌女感到羞耻，这份情感，很自然地传到那说理者所批评的对象上，也为他们感到羞耻，这时，读者对说理者立论的要旨，不难同意。

人在下判断以前，先要作一番考虑，考虑时，一面"衡情"，一面"度理"。论说文引诗，主要的是为了衡情。除了借重诗"情"以外，说理者又常常拿诗句来做象征、比喻。有人谈论今天的男女社交，指出漂亮的女子常常挂在美国人的臂弯里，引一句："天下名山僧占多。"这就是拿僧和名山的关系，比喻美国人和美女的关系。有人说，殉道者的血，使真理发扬光大，引诗两句："落红不是无情物，化作春泥更护花。"这就是拿花和花株的关系，比喻殉道者和道的关系。诗，可以使别人对他所要证明的事理，有个具体的鲜明的形象，而制造鲜明具体的形象，在诗人轻而易举。诗与论文，在这里又有了携手合作的机会。

二

这篇文章登在一份青年杂志上，杨先生把稿费全买了当期的杂志，交给班上的同学们，让他们阅读，他利用作文课的时间，再讲一点别的。他看见这份杂志上有一篇文章说，人生是没有计划的，他想，对年轻人说话，"一日之计在于晨"这样的观念还是不要废除才好，他就想象自己是一个学生，交给全班同学这么一篇作文：

不论做什么事，都该先有个计划。买了个书架，上头放些什么书，还要想一想呢；零用钱到手，这个月怎么支配，还要算一算呢。人生是一件大事，更非先有计划不可。我想将来做电影导演，那就要进大学念戏剧系，要进大学，现在英文数学就得打好基础，今天晚上就得好好地背单词。知道将来要做什么，才知道现在该做什么。

有些事情，因素比较简单，做那事的人能够控制所有的因素，事情就不难完全照预定的计划完成。如果因素复杂，人只能控制一小部分因素，计划就要有弹性，并且要准备随时修改。上周末，我打算先做功课，做完了功课去看一场电影，电影散场，吃一客冰淇淋做余兴，回味一下剧情再回家。不料电影非常叫座，我没买到票，这时候去吃冰淇淋也没意思。想起这部片子是小说改编的，看不到电影可以先看小说，就把进冰店改成进书店了。

我们盖房子，只要能够把工匠、材料、地皮、建筑法令这些条件安排妥当，房子就可以按部就班地盖起来。人生可不同，它的未知数太多，你对它不得不计划，但是又绝对没有办法贯彻自己的计划，必须一面实行计划一面修改计划。实际的人生一波三折,计划受到挫折的时候,不必徘徊退缩,要随时调整适应,继续勇猛前进。

我们是根据已知数探寻未知数,这个未知数可能比我们所预期的要小,也可能比我们所预料的要大。很多不能控制的因素撞进了所谓人生计划,破坏了所谓人生计划,结果可能使实际的人生比预先构想的人生还要好。还有,人生计划既然只是一项假设,计划里面所设想的困难,到时候也许并不存在。"山穷水尽疑无路,柳暗花明又一村。"这就是人生。

杨老师要同学们特别注意最后两句诗,他问:有了这两句诗,文章是不是好一些?没了这两句诗,文章是不是差一些?大家齐声说"是"。那么,为什么有这种差别呢?大家没有声音。杨老师叫大家打开杂志,看他发的讲义,看他写的那篇文章,跟他一起念其中一段:"诗的长处是使人感动,使人沉醉,使人的心灵融化。到了说理者手里,诗的这种性能可以用来化除对方心理上的抵抗,诗可以把对方的壁垒加以破坏,使所说之理有隙可乘。"

三

过了一段时间,杨老师想起来,除了上面所假设的例子以外,论说文引诗,还有一个理由。论说文在提主张、下判断以前,难免要选择一些事实加以叙述,帮助得到后面的结论。这种叙述,照例不能太长,太长使文章臃肿。说理者固然可以从所要叙述的事实里提炼出一种极简单的说明来,可是有时候,他宁愿借用诗人的语言。

他又找机会,对同学们说:

宋朝的程颢有一首诗,开头两句是"云淡风轻近午天,傍花随柳过前川",今人引用这样的诗句来说明"朴素的快乐",既方便,又真实。这诗除了为"朴素的快乐"描出画面,还借诗的来历,无言地透露了"朴素的快乐"背后是什么样的人生哲学、文化背景。倘若不引诗,势必要多花几百几千字才可以说清楚。这几千字可以费,也可以省,引诗,即是省的一个方法。

诗的简练,在人物评论方面特别容易看出来。唐太宗"雪耻酬百王,除凶报千古",是一位有为的英主。允文允武的诸葛亮,"伯仲之间见伊吕,指挥若定失萧曹"。"朝为越溪女,暮作吴宫妃",西施的遭际,富有戏剧性。"冠盖满京华,斯人独憔悴",李白为人就是这样不同流俗。"遂令天下父母心,不重生男重生女",杨贵妃的骄傲,可想而知。"红颜弃轩冕,白首卧松云",孟浩然的这种境界,可以算得上高蹈。刘备一生,"得相能开国,生儿不象贤"。虢国夫人"却嫌脂粉污颜色,淡扫蛾眉朝至尊",人品与众不同……这都是把一个人的生命中最精彩的部分,作最精彩的说明,用最少的字数,这是写论文的人要完成的事,可是诗人已先完成了。

台上讲话的人讲的是"这个",台下听的人想的是"那个",等到讲话告一段落,立刻有人发问:老师,为什么你讲的都是古人的诗呢?为什么没有新诗呢?写议论文是不是也可以引用新诗?

杨老师一听,不由得睁大了眼睛。这个问题问得好!你当然可以引用新诗,我引用古人的诗,是因为教科书里所选的论说文,他们都引古典诗,他们之所以引用古典诗,有好几个原因:第一,古典诗容易背诵,我们以前念过,现在记得,引用比较方便;第二,论说文引诗多半是从诗中摘出精彩的句子来，古典诗摘句比较容易，新诗摘句比较难；第三，论说文引诗，是想借重诗人的影响力，使读者容易站到他这一边来，李白、杜甫的影响力要大一些。

"说来说去，好像在说新诗不如古诗？"

杨先生说不是这个意思，他自己写文章也常常引用新诗。下面这段话就是出于杨先生之手：

"偶然"不一定能带给你结果。有时候，"偶然"是一个开头，它能发展出结果来。可是，并不是每一次"偶然"都有往下发展的可能。有一个年轻人，他在火车上恰巧与一个少女同座，两个人谈得很投机。不久，女郎在某一站下了车，那年轻的男孩立刻陷入绯色的空想里。回家以后，他几乎像个失恋的人一样废寝忘食，他热心盼望能有方法找回她。其实完全不必，因为这个男主角所遇到的是一次偶然的事件，偶然相会，偶然分手，偶然如此。他应该读过徐志摩："我是天空里的一片云，偶然投影在你的波心，你无须讶异，也无须欢喜，在转瞬间消灭了踪影。"把偶然当作"天作之合"，那是自寻烦恼。

绘影绘声

一

某天上午,杨老师在办公室里低头整理讲义,忽听得耳旁一声"报告",抬起头来,只见金善葆和吕竹年两个学生站在眼前。杨老师心里想,这两个学生是送全班的论说文作业来的。

"老师,后天是星期天,我们全班同学到野柳去玩,请老师也去参加。"吕竹年用他那一口漂亮的"国语"说。哦!原来是这么一回事。教国文的人,脑子里只有国文,可是学生脑子里的东西多着呢!还有数学呢!还有英语呢!而且,还有少年人的那种轻飘飘的快乐呢!天气已经暖起来了，金善葆的苹果颊更红了，从楼上往下看，树顶的叶子已经一片新绿了！人的心向外飞，练习写论说文确乎是一件枯燥的事了。

"野柳好玩吗？"杨老师问。

"我爸爸说很好玩。"吕竹年答。

我爸爸说很好玩！这句话很天真。杨老师立刻想到，这句话以后在课堂上很有用处。说不定野柳之行也有用处。他决定和这些少年人一道去消磨一天。

星期天天气晴和。负责筹备这次出游的金善葆、吕竹年，收齐旅费，租了车子，订下野餐，一同出发。他们事先听气象预报说，星期天有一个晴朗的好天气，这天果然阳光满地，微风拂面，加上公路的高级路面又直又平，大家都很高兴。

野柳这地方，本是一块无人注意的海岸，千万年来潮来潮去，把那儿的岩石琢磨成种种形状，非常好看。有几位摄影家发现了这地方，拍了很多照片，带到都市里去举行展览，称野柳是"被遗忘的乐园"。那次摄影展引起广泛的注意，辗转影响的结果，人人想到野柳看看，野柳成了今年春游的一个"热门"。那些石头，在一个有审美修养的中年人眼中，可说百看不厌，愈看愈有味；可是，少年人便不同了，这些学生下了车，对那些形状特别突出的怪石看了一眼以后，就不再注意它们了！他们戏弄海水去了！他们照相去了！他们唧唧喳喳说个不停去了！除了这些以外，还有云呢！还有野餐呢！这些鸟儿，只要能暂时离开那叫作教室的笼子，到外面鼓动翅膀，就已经可以得到许多快乐了！

中午，导师吹哨子集合，分发野餐，每人一盒。领到饭盒的人，三五成组，自由分布，找块干净地方坐下，一面吃，一面谈。杨老师接过饭盒以后，左顾右盼，不知坐在哪一块石头上好，正在踌躇未决，那边吕竹年喊道："老师！到我们这里坐！"另外几个声音附和着。杨老师本想走过去参加，可是一眼瞥见吴强一个人孤零零地倚着一块石头嚼饭。他改了主意，到吴强身边去。

"吴强，喜欢这儿的风景吗？"一面吃一面谈。吴强说喜欢。

"你可曾想过，描写风景和写论说文也有关系？"
吴强没有想到过。

"明天，你到我屋里来，帮我做一件事情。我想写一篇文章,谈谈论说和描写二者的关联,我口授,你帮我笔记。"

就这样说定了。

二

杨老师的意思,是要借这个机会,把"论说和描写"的关系深深印在吴强的脑子里。在他看来,吴强是最能吸收这意见的一个学生。

吴强的记录很快:

野柳是新发现的风景胜地,去过的人都表示满意。如果我们写一篇短论,主张把野柳建设成观光区,大概可以先安排这么一副骨架:

> 风景好的地方宜建设成观光区。
> 野柳的风景好,
> 野柳宜建为观光区。

中间一段是重要的支柱，提出这一主张的人，必须能证明野柳的风景的确好。如果这篇文章登在画刊上，应该配上许多幅风景照片。如果这意见是向讨论观光事业的会议当场提出，应该拍摄视频到会场中放映。如果这一类的方便完全没有，那只有用文字来描写一下野柳的风景。"描写"和"论说文"，在这里发生连带关系。

描写，在"美文"（以表现美感为目的）里面是重要手段。诗、小说、纯文艺的散文，都离不开描写。所谓描写，它是一种放大术，穷人的一间房子可以写上几千字，婴儿的一张脸也可以写上几千字。

文章的篇幅有限制，不能全部放大，描写时只能局部放大，也就是选择特点来放大。描写时作家下笔偏重主观的印象，他说"刑侯之姨，手如柔荑"，就是手如柔荑，他说"林黛玉的脸皮，吹得肿弹得破"，就吹得肿弹得破。描写既是主观用事，所以它不希望读者"相信"，而希望读者"感觉"到。你只要感到白发好像有三千丈，感觉"沧海月明珠有泪"，描写就算成功。

描写与"论说"的旨趣大不相同。论说常用概括的说法，它说一位女子貌仅中姿，未必用工笔绘仕女图。它提出的是概念，概念的用处是使读者凭着去思考。如果它在某一点上需要详细说明，它常用富有理智的语言，它可以量出头骨几寸几分，胫骨又有几寸几分。它这样叙述时，目的不在引读者的幻觉，读者所要采取的态度是：真、假、是、非、赞成或反对。

这种单纯的"论说"，有一个弱点，就是"隔膜"。你说野柳应该建设成观光区，很对；你说大家应该捐款救灾，也对。可是中间总像隔着什么，不够真切。那种单纯的论说，总不免在比较高的抽象层次上兜圈子，用"抽象"来打动人心，比较困难。报纸鼓吹救灾或提倡建设观光区，固然要用社论，但是，如果用照片和特写文字加以配合，更能发挥效力。社论是抽象的，图片和特写是具体的。报纸的做法可以说是把论说和描写分开，由读者自己用脑子合而为一。

广播就没有这种方便，只好在论说时同时夹用描述。一位广播节目主持人，发现医院里有一个穷苦的病人，需要社会救助，她在节目里提出呼吁。她说，她在医院里看到病人的母亲，一位五十多岁的老太太，裹着小脚。这位老太太穿的衣服，是从前大陆上的妇女穿的那种样式，"我们的母亲,我们的祖母,都穿那样的衣服"。这位老太太要常常走四十里路来看她的儿子,为了省车钱。这四十里路是走来走去的,"用她的一双小脚!"。这段话,用的是"人物描写"的方法,夹在"论说"式的谈话中,很有力量,听众受到感动,捐出很多钱来帮助那位老太太。

我们相信,描写是在这样的形势下进入论说文的:说理者需要一张"图画"来支持他的理由。用文字使人看见图画,描写是我们所知道的唯一有效的办法。主张在野柳建设观光区,可以用繁荣地方经济做理由,也可以用风景优美做理由,"繁荣地方经济"的理由,用不着图画来支持,"风景优美"就用得着。

风景这样东西,你不能说有一万平方公尺平地,上面大大小小分布了五百块石头,右边山高三百公尺。你得说,这里有一望无垠的海滩,退潮以后,每一粒沙子都干干净净,像上帝刚刚把它造出来一样。海水的清洁,空气的新鲜,也就可想而知。有许多水成岩被海水砌成种种奇怪的形状,像人头、像摇篮、像乳房。这些怪石不但可以给人美感,还可以给人启悟,因为它们知道沧桑变迁的秘密。人们在闲暇的时候到野柳来,他们的肉体和灵魂,都可以得到益处。这已经是在描写。

下面我们就有描写的论说文和没有描写的论说文，作一比较：

孤儿院需要捐助

甲式：

没有能力独立生活的人，需要有人抚养他。幼童没有生活能力，他们需要受人抚养。

没有独立生活能力的人，通常由他的亲人来照顾。如果他没有亲人，就由社会慈善事业来负责，而社会慈善事业又靠社会人士共同支持。通常抚养孩子的人是父母，孩子如果没有父母，成了孤儿，又没有适当的亲人可以依靠，就由孤儿院收留。孤儿院是一种由社会力量来支持的慈善事业。

本市的幼幼育婴院，是一所收容孤儿的慈善机构，从创办到现在有十年历史。十年来，该院树立下良好的信誉，一个孩子在失去父母以后，如果能够托身该院，旁观者都认为是不幸中之大幸，那孩子在这所育婴院里，会得到细心的照顾和完善的教育。不过，该院经费和人员都很少,非常需要社会人士捐款支持,我们希望天下贤明的父母们,能在自己孩子的幸福以外,也关心到怎样减少另外一批孩子的痛苦。我们诚恳地呼吁,大家尽自己的力量,捐一点钱出来给幼幼育婴院,为孤儿造福。这就是"幼吾幼,以及人之幼"。

乙式:

本市的幼幼育婴院是一所收容孤儿的慈善机构,从创办到现在有十年的历史。十年来,该院树立下良好的信誉。一个孩子在失去父母以后,如果能够托身该院,旁观者都认为是不幸中之大幸,那孩子在这所育婴院里会得到细心的照顾和完善的教育,不过,该院的经费很少,非常需要社会的捐款支持。

幼幼育婴院规模很小,当初只计划收容四十个孩子,可是现在,一百一十多个孩子住在这里面了,院方声明停止收容,仍有许多孩子等在门外,说不定哪天早晨,育婴院的职员打开院门,低头一看,脚前就放着一个襁褓。

这些孩子,睡上下三层特制的摇篮,寝室里已是十分拥挤。白天,孩子们上课、游戏,倒和一般小朋友没有什么两样。晚上,他们疲倦了,也都能沉沉睡去。只是,到了夜间,不知道哪个孩子从恶梦中醒来,喊了一声"妈"!放声大哭,立刻,这一间寝室里面所有的孩子都醒过来,哭喊他们事实上并不存在的妈妈。这种哭声一经发作,除了等他们疲倦不堪才自动停歇,没有方法可以制止。那位五十七岁的女院长,半夜听到这种哭声,从床上坐起来,远远地陪着孩子们流泪。这位院长,她迫切希望能够得到一笔钱,多造几间寝室,避免太多的孩子住在一间房子里,她也希望能再多聘几位保姆,多添些游乐的设备,再多给孩子们一些爱和安慰。

我们希望天下贤明的父母们,除了关心自己孩子的幸福,也关心一下另一批孩子的痛苦。我们诚恳地呼吁,大家都尽一份力量,捐一点钱出来,为幼幼育婴院的孩子们造福,这就是"幼吾幼,以及人之幼"。

推荐《春风化雨》

甲式:

歌德所写的《少年维特之烦恼》,男主角维特是在失恋以后自杀的,这本小说影响了当时歌德的读者,自杀的人突然增加,许多人都觉得重情轻死是一件很光荣的事。王尔德写《狱中记》,指出英国的监狱中有种种缺点,英国人看了发出一片呼声,要求革除监狱里的积弊,政府也接纳了这个要求。中国有一部《三国演义》,深深地支配着人心,别的不说,后世结拜弟兄,都是追慕刘关张的桃园结义,愿意继承他们的遗风,不能同年同月同日生,但愿同年同月同日死。成功的文艺作品对社会的影响是多么大啊!

福斯公司所拍的文艺片《春风化雨》,以同一译名的小说改编,由珍茜蒙丝主演,这是一部成功的作品。它能鼓励百年树人的志趣,也能提高尊师重道的精神,叫人看了,觉得精神向上,灵魂纯洁。应该把这部片子介绍给更多的人看。

那做家长的,请带你们的全家去看这部片子吧。那做教师的,请带你们的学生去看这部片子吧。那做长官的,请鼓励你们的部属去看这部片子吧!

乙式：

福斯公司所拍的文艺片《春风化雨》是一部非常成功的作品。在这里，珍茜蒙丝是一位女教师，她的头发灰白，脸上有皱纹，仍然挺直了脊梁，挺直了脖子，坐在教室里监视学生的品行和功课。春天去了，春天又来了，学生毕业了，新生又来了，她天天坐在教室里挺直了脊梁。这样四十多年。

有一天，她的脊梁骨突然弯了下来，她病了。这一病，显出了她的伟大，四十年教育工作埋下的种子，像雨后春笋般地冒出土来。这部片子发扬百年树人的志趣，提高尊师重道的精神，叫人看了，精神向上，心灵纯洁。应该把这部片子介绍给更多的人看。

那做家长的，请带着你们的全家去看这部片子吧。那做教师的，请带着你们的学生去看这部片子吧。那做长官的，请鼓励你们的部属去看这部片子吧！

甲式是单纯的论说，乙式掺入了描写，比较之下，有两点可以指出来：

1. 掺入描写以后，增加了文章的"可读性"。论文，多半是硬邦邦的东西，不大注意读者的趣味。过去，读高等论文，要关起门来，全神贯注，戴起眼镜来读，皱着眉头去想，克服了文字表面的枯燥，找出里面的精华。现在，读书环境变了，读书看报，往往在电车、火车、交通车上，在收音机、飞机、汽车喇叭声里，在紧张忙迫的工作之后。环境如此，心情如此，他们希望在阅读时能尽量少付出精力。所以，再没有一个时代，像今天的著作人这样存心"讨好"读者。他们简直希望能把文章做成到口融化的酥糕。论说文掺入了适当的描写，显然要松软得多，容易消化得多了。这并不是一件坏事。

2. 写论文的人一向说"描写"不过是一些空话、废话。描写确有变成空话、废话的可能，不过，只要用得恰当，描写却能避免空论，使论说文的内容充实，这可以算是意想不到的功效。

"空论"的成因，是由于对所要讨论的问题不甚了了。讨论建设野柳，对野柳的风景没有什么认识；推荐影片，对影片的内容没有什么了解，说话就容易不着边际。"天地乃宇宙之乾坤，百姓乃黎民之赤子"，"二郎者，大郎之弟，三郎之兄，小郎之父，老郎之子也"，这一类的滥调才会产生。在这方面，描写有防疫的功用，因为下手描写以前，一定要先下观察的工夫，描写风景要仔细看过那风景，描写剧中人要用心看过那影片，既然观察，就不陌生，讨论起来自然言之有物。

描写是一种能力，这能力通常是由练习中得来的。练习少不了模仿。描写是把一种景象用文字移到纸上，所要克服的困难，就是怎样把物象变成文字。传统的办法是看人家怎样写。

我看人家怎样写明月：

> 闰中秋我们重登华苑，这一晚纤云四卷，高速公路上月出东山，山林顶端一道银色的曲线，捧着一颗明珠。月刚刚从造物者的手中滚出，忽左忽右，时隐时现，似引导又似窥探。我说过（现在有很多人也这样说），美国的月亮不比中国的月亮圆，但是比中国的月亮大，我们平视初升的满月，吴刚的桂树、嫦娥的宫墙、玉兔的身影像放大后的陈年照片，一路上，地球和它的孪生兄弟遥遥相望，并肩竞走。

看人家怎样写山：

　　山披着灰衣，是一群沉默的吊客。可是太阳出来了，山换了浅色的上装，梳洗过，用筋骨脉络显示仪容。太阳升高，山的眼睛亮了，服饰灿烂，身段架式摆出来，由天地舞台的一角走向中央。山是在举行时装表演，我看不出它蓄怒反抗。

看人家怎样写湖：

　　我喜欢湖，湖比山亲切，有诗意。湖中看山，山变成平面上的色彩线条了，有画意，第一个发明绘画技术的人，也许是在湖边恍然大悟。当时是夏天，湖中的山林真个翠绿欲滴，想象秋天满山红叶，满湖霞彩，想象冬天冰封雪飘，只见地上一块无瑕的玉石。当时是晴天，想象风雨动静、明暗变化，一湖变千湖。当时是白昼，想象夜间湖中有月，俨然宇宙初造。想象它春天娇美，夏天慵懒，秋天冷静，冬天孤傲。有一个湖，你就有这么多想象，多到你没法离开，这才了解爱湖的人为什么住在湖边。

你见过这样的风景吗?

黄鹂是像婴儿一样娇嫩的鸟儿,全身没有一粒风尘。为了诗,柳树垂下柔软的枝条,密密如帘,掩护她的襁褓。我没见过黄鹂在地上行走,也没看见她站在光秃的高枝上顾盼。为了诗,她拨开柳帘,探出上身,唱一首歌。柳帘的一片深绿衬托她的嫩黄,她一身的嫩黄又衬托着红色的长喙,黑色的眼睛。那画面,只要见过,不会忘记,她不是为了画,她是为了诗。

为了诗,不能只有一棵树,得有一行树,这样才有一行浓阴,一条绿色的走廊。成行的柳树多半栽在河边,为了诗,不需要河,需要一条路。有了路,诗人才可以出游。条条柳枝都沾满离情别意,黄鹂的歌声一出,那些都成了陈腔滥调,柳浪闻莺,清雅轻快,牵牛花、杜鹃花、夹竹桃、野蔷薇,也都开了,四时行焉,宇宙还很年轻。

你见过这么多人吗?

　　这些上班族个个穿黑色外衣,露出雪白的衣领,密集前进,碎步如飞,分秒必争,无人可以迟到,也无人愿意到得太早。黑压压,静悄悄,走得快,脚步声也轻。这是资本家的雄师,攻城略地;这是资本主义的齿轮,造人造世界。在这个强调个人的社会里,究竟是什么样的模型、什么样的压力,使他们整齐划一,不约而同?

　　我仔细看这些职场的佼佼者,美国梦的梦游者,头部隐隐有朝气形成的光圈,眼神近乎傲慢,可是又略显惊慌,不知道是怕迟到?怕裁员?还是怕别人挤到他前面去?如果有董事长,他的头发应该白了;如果有总经理,他的小腹应该鼓起来。没有,个个正当盛年,英挺敏捷,都是配置在第一线的精兵,他们在向我诠释白领的定义,向第三世界来者展示上流文化的表象。

子曰

一

春秋时代，在楚国，有人发现了一件奇怪的东西，它很大、很圆，看上去是某种植物所结成的果实。可是，谁也没见过这种植物，大胆的人把它剖开，吃里面的瓤，滋味居然像蜜一样甜。真奇怪啊，这东西究竟叫什么名字呢？去问问孔夫子吧。孔夫子回答说："这东西么？叫萍实！"

在陈国，有人发现了一只死鹰。鹰是被箭射死的，箭头却是石头做的。真奇怪啊，怎么会有这样的箭呢！去问问孔夫子吧。孔夫子说："这样的箭，是肃慎国向周天子进贡的东西，周天子又把它分给陈国的。陈国的历史博物馆里，应该还有这种东西！"

有人挖井，挖出来一个兽形的东西，这是什么呢？去问孔夫子呀！

有人见了孔夫子便问："国家收税收来的钱，总是不够支出的，怎么办？"

有人问："孔老师！人在死了以后，究竟到哪里去了？"

有人问："老师！我想办个农场，您指导指导吧！"

这些在春秋时代发生的事情，靠着书本留传下来，最近有人写了一本《孔子传》，大量采用古书上的这些记载，出版以后，竖在书架上，任人参观购买。有些小书摊的老板对于光看不买的那种"参观"，很不欢迎。

且说这天是星期天，天气很好，人们从办公室、学校、工厂里退出来，放下他们的工作，带着他们的钱包，拥到马路上去。吴强口袋装着几张钞票去逛书摊，想买一本新书。他买书的习惯是先看后买，看了觉得不好，固然不买；即使觉得好，而那本书日后并没有重读的价值，他也不买。他到了书摊前面抓起那本《孔子传》，先看。

他看到书上面的记载：有人问孔子这是什么古董，有人问孔子那是什么植物，有人问财政，有人问农业，他的眼光离开书本，沉吟起来。

书摊的老板，看见吴强既没有马上要买的意思，又没有马上要走的意思，心里很不乐意，就趁着吴强出神的时候，伸手把《孔子传》抢回来。

这是老板表示逐客。吴强动了气，满脸通红，正要和卖书的理论，蓦然觉得有人朝他肩上拍了一下，回头一看，原来是杨老师。看见杨老师，吴强的脸更红了。

杨老师好像什么也没看见，把手里的一本新书向吴强举了一举。那本书正是《孔子传》。

"我买了一本书，不知道好不好，你先拿去看一看。"一面说，一面把书交给吴强。吴强拿了书，还是在出神。

"吴强，想什么呢？"杨老师笑了。

吴强用他那不大灵便的唇舌说："我很奇怪，春秋时代的人，为什么每一件事情都要去问孔子呢？"

"是啊！的确有点奇怪！"

人行道上挤满了人，这一师一徒随着人潮往前走，走不多远，发现有一家茶座，里面一个顾客也没有。数不清的人从它门口挤过去，却没有人进来喝茶。杨老师立刻说："我们在这里坐一坐吧！"

杯中上升的蒸气送来茶香。杨老师拾起了话头："真奇怪，他们什么都去问孔子。他们认为孔子学问很大，孔子说出来的话可靠。这叫作服从权威。他有权，他有威，别人不能不听他的话，这个权威，不是政治力量，这是知识学问的力量，学问愈大，力量愈大，所以有人说一分知识，一分权力。"

"人有依赖权威的心理。比方说，这家茶馆，生意不好，为什么不好？老板也不知道，他得找个内行问问，这个内行就是他心目中的'孔子'。那个人也许说，你不该用石灰刷墙，不该买木椅子，店门不该开得这样大。这些话有一种力量，能使开茶馆的老板重新刷墙壁、修门面，这就是权威的力量。"

"权威既然有这种力量，所以写论说文的人，常常把权威抬出来，用权威的话去说服别人。我们常常在人家的文章里面看见：孔子怎么说，耶稣怎么说，苏格拉底怎么说，王阳明怎么说。"

茶馆的老板是一位五十左右的中年人。他走过来冲开水的时候，看见了摆在茶几上的《孔子传》，顺口一问："这本书多少钱？"

"两百块。"

"这本书好不好?"他发现两位顾客不明白他为什么要这样问,立刻补充:"我想买一本给我的孩子。"

"我们还没有看过,不知道到底好不好。"

"是呀,现在的书,封面都是花花绿绿,也弄不清楚里面到底怎么样。"老板提着开水壶走了。

"吴强,你看眼前就是个例子。这个做生意的人,想知道一本新书的内容好不好,他得找个内行问问。在他的心目中,我们摸书本的时间比他多一点,对一本书是好是坏,比他多一点判断力,他就想依赖我们。我们呢,也许能下判断,也许不能。如果我们不能,我们得依赖更内行的人。我们读书,吸收知识,目的就在于能够知道在这一行里面一共有多少位内行,他们主要的意见是什么,他们详细的意见在哪本书里。轮到我们发表意见的时候,我们不只说出自己的意见,有时候也说明这个意见的来源,某一项意见源自某一位权威。"

"老师,教我们这一课吗?"

"我想,应该教。"

二

现在是杨老师上作文课。

他咳嗽一下,拿起粉笔,望着全班的学生说:"这一堂课,我要讲的是",他回身打算在黑板上写字,忽然听见有一个学生喊:"引用权威!"

接着是全班学生哈哈大笑。

杨老师立刻转身,说:"你们的消息很灵通!"

"哪里!吴强的消息才灵通呢!"不知是谁这样说。

杨老师告诉大家,他怎样在街上买了一本书,又怎样遇见吴强,又怎样谈到孔子。孔子真了不起,什么都知道,或者说,那个时代的人希望他什么都知道。一个人心里有什么困难,有什么疑问,一旦见了孔子,就利用机会当面请教。他们的问题,五花八门,性质复杂极了。说到这里,杨老师突然提高声音,用命令的口吻说:"拿一张纸出来!做作业!"

对于"作业",学生们有习惯性的紧张与服从。可是,听见了杨老师口述的题目,大家的心情马上放松了:

"如果你遇见孔子,你有什么问题要问他?"

大家略一思索,振笔疾书,全体在五分钟之内交卷。杨老师把那些答案放在讲桌上,暂时不去看它。他先说了一段话:

古时候,有那么多人提出问题来问孔子,你们也不必觉得奇怪。事实上,我们每天、每小时都要使用问号。请问你,下一堂课物理考不考?那个新来的同学叫什么名字?大世界的电影好看不?你买的原子笔多少钱一支?到西宁北路往哪儿走?随时随地都有问题要问人家。这是出声的问。还有一种不出声音的问,打开报纸找影评,看《巴士站》好不好,打开营养手册,看番茄里有多少种维他命,收听气象预报,看明天是晴是雨。

活到老,问到老。谁能够回答我们的问题,谁就是我们心目中的权威。说到我们心目中的权威,那是一个很有趣的现象。在我们三岁、四岁的时候,我们心目中的权威,可能是跟我们一同玩耍的孩子,他可能比我们大一些,明白一些,因而赢得我们的信赖。比方说,他叫小明,小明说过,白雪公主的泡泡糖比快乐王子的泡泡糖好吃。小明说过，这座山的那一边就是大海。小明说过，把瓦片埋在土里，明年可以变成钱。我们根据小明的意见，和父母争执，和哥哥姐姐争执。这是第一个阶段。

这个阶段过了以后，我们心目中的权威可能变了。小明的话不一定对，爸爸的话才是对的。我们的权威是爸爸。野柳很好玩！谁说的？爸爸说的！《红楼梦》是一部坏书！谁说的？爸爸说的！爸爸说动物园里的老虎没有牙齿，我们就相信它没有牙齿。爸爸说天上有两颗星，本来隔得很远，可是到了七夕，就要合拢在一起，到七月初八的早晨，我们就以为这样的事情业已发生过了。这是第二个阶段。

这个阶段过了以后，我们心目中的权威又变了。爸爸不够权威，级任导师才是权威。第三个阶段过去，第四个阶段又来，只有一位老师是不行的，我们得有许多位老师。有的老师告诉我们，汽车的发动机是内燃机。有的老师告诉我们，太阳的光线共分七色。有的老师告诉我们，胡萝卜有丰富的维他命 A。有的老师告诉我们，南极和北极一样冷，一样冰天雪地。我们也知道，这些老师的背后，还有老师，物理老师的背后有物理学家，历史老师的背后有历史学家。

到第四阶段，我们已经知道，三百六十行，行行有权威，不管有了什么样的问题都拿去问一位权威是不行的，世界上只有一位权威是不够的。我把我们心目中对权威的认识，分成四个阶段。我要测验一下，看你们是站在哪个阶段上。

他伸手抽出一张"作业"来，全班的学生，都很紧张地望着他的手。只听得他念道："如果我遇见了孔子，我要问他：那个'萍实'是不是个大西瓜？"

大家笑起来。杨老师也笑着说："如果孔夫子研究植物学，我们当然可以问他。"他注视着那一叠作业，又从其中抽出一张来。这一张写的是："如果我遇见了孔子，我要问他：中学生可不可以谈恋爱？"

大家笑得更厉害。杨老师说："你问到行家面前去了。孔夫子答复教育、社会方面的问题，一向是很拿手的。"

再看一张："如果我遇见孔夫子，我要问他：您老人家究竟删过《诗经》没有？"

杨老师喝彩："问得好！我国一向有孔子删诗的说法。据说，诗本来有几千篇，被孔夫子删掉了十分之九，只剩下三百多篇，就是现在的《诗经》。但是，也有很多人反对这个说法，认为孔子并没有删诗。这正反两面的人都很有学问，也可以说都是研究《诗经》的权威，他们吵架，咱们可没办法调解。孔子究竟删诗了没有，只有孔子本人最清楚，对这个问题，他是权威的权威！"听见杨老师喝彩，有几个学生噼里啪啦地鼓掌。

随手再抽出一张来，高声念道："如果我遇见孔子，我一定问他：用什么办法治好我的……"

下面两个字是"口吃"。杨老师看见这两个字，暗暗叫声不妙。这一份答案，是吴强写的，他是班上唯一有口吃病的学生，如果把他写的话当众宣布，岂不替他在班上留下一个笑柄？说时迟，那时快，只听见杨老师念的是：

"用什么办法治好我的感冒？"

全班大笑特笑。等大家笑够了，杨老师说："关于感冒的问题，我听见孔子是这样回答的：我给你介绍一位医生！"

大家刚刚收敛的笑意，又迸发开来。杨老师下结论说：

春秋时代的人，拿五花八门的问题去问孔子，有人问政治，有人问军事，有人问宗教，有人问考古，有人问植物学,有人问天文气象。我们不能这样办。学问分很多种类,谁也不能门门都通,能通一门已经很好,能通两三门就很了不起。谁也有不知道的事,对这一门学问是权威,对另一门学问可能是门外汉。这一点也不丢人。

据说,在孔子的时代,有人提出一个问题:太阳究竟什么时候离地球最近?早晨还是中午?如果太阳在中午离地球近,为什么它在早晨大而在中午小?如果它在早晨离地球近,为什么它在早晨凉而在中午热?据说,孔子对这个问题,不知道怎么回答。这一点关系也没有,孔子的专长根本不在这方面。

今天,如果有人拿这个问题去问一位音乐家,音乐家说:我不知道。这不在意料之外。太阳离地球最近的时间,究竟在早晨还是在晚上,这问题本不该由音乐家决定。如果他说:在早晨,或者说:在晚上,没有谁会相信,大家觉得他的这句话靠不住,他不在这一行,他不是权威。

记住:写论说文的时候,不要找错了权威。如果性感明星说,人类马上可以到火星去探险,这话不算数。如果烟草大王说,吸香烟绝不会得肺癌,这话靠不住。造房子要听建筑师的话,治病要听医生的话,不要因为他是名人,就拿他的话当作权威,要先看看他是在哪一方面成名。

张大千说:台湾横贯公路东段的山水,可以比得上世界最美的山水。这话有没有引用的价值?张大千先生是不是看见过很多最美的山水?他对山水之美,有没有欣赏批评的能力?他曾经游历世界,看过很多山水名胜。他是画家,有审美的眼光。他对台湾东部山水的批评,很值得我们重视。

谁是权威,谁不是权威,谁的话可以引用,谁的话不可以引用,这是识见问题。培养识见,要多读好书。

这天的作文题是《我的权威》。

三

晚间,杨先生打开教科书,看见了一段文字:

> 凡文化之国,未有不重其史者也。古人有言:"国可灭,而史不可减。"

看到这段话,杨先生动了一个念头,他想把教科书里面"引用权威"的地方统统摘抄出来,印成讲义,发给学生温读。翻翻抄抄,才知道这方面的例子并不很多。

古人说:"去恶,如农夫之务去草焉。"

俗语说:"斩草不除根,春风吹又生。"

古人说:"从前种种譬如昨日死,以后种种譬如今日生。"

佛家说:"放下屠刀,立地成佛。"

"君子无所争,必也射乎!揖让而升,下而饮,其争也君子。"

抄到这里,窗外忽然有人说:"老杨,还在用功吗?"抬头一看,原来是胡主任。

"进来坐!"杨先生合上书本。

"不进去啦。我想去看电影,找不到伴,你来吧。"

"我昨天才看过一场。"

"昨天看过,今天没有看过,走走走!"

看来老胡是寂寞了。杨先生想起"担当朋友的忧愁,共享朋友的快乐"。他们坐在电影院里，胡主任低头看说明书，杨先生却对着银幕想心事。现在的银幕奇大，大得像一堵墙，而且特别宽，看上去扁扁的，称之为阔银幕或大银幕。记得从前的银幕不是这个样子。从前的"标准银幕"，是长方形的，长和宽有一定的比例，这比例，叫作分金率。从前的美学权威，都说画面要合乎分金率才美，才好看。可是，阔银幕把这个规矩打破了，阔银幕不照分金率，未必不好看，电影事业往阔银幕发展，原来的标准银幕反而不够"标准"了。

由银幕上看到银幕下，看见许多女子挂在男人的胳臂弯上陆续入场，她们坐下以后，有的吃瓜子，有的嚼口香糖，嘻嘻哈哈很快乐。杨先生联想到古人们对女人的意见："女子无才便是德"，"男外女内"，"外言不入于阃，内言不出于阃"，这些意见，当初也是很权威的，"权威"们不准女子和男子有同样的社会地位，不准她们和男子有同样的人生意义。可是，看看今天剧场里的情形吧，看看今天学校里的情形吧！看金善葆、赵华、胡玉枝，那些女学生的处境，跟她们的祖母年轻时的处境是多么不同吧！古老的权威在被修改，甚至在被推翻。

他又想起教科书里的一段话来:"真理只有一个,此是即彼非,彼是则此非,此外无可中立者。"这话有它的权威性。根据这个"定理",所有的辩论会,都分成正反两面,拼个你死我活。可是,已经有很多人指出来,这种思考的方式是不妥当的。热和冷中间还有一个"温",即使是"热",也还有一百度的热、两百度的热和五百度的热。事理分成很多层次,含有相当的弹性,千万不要分成两个极端了事……

一面这样想,同时听见背后两个观众在谈话:

"现在,卖鸡蛋,生意不大好。"

"为什么?"

"据说,专家发现鸡蛋里面有一种什么东西,可以使人的血管硬化,有很多人不吃鸡蛋了。"

"过去都靠吃鸡蛋滋补身体,做儿女的都买鸡蛋孝敬老年人。这一下子整个反过来了!"

权威诚然可贵,但是,旧的权威常常被新的权威代替。"知识像鲜鱼一样,容易变坏。"如果权威成了坏鱼,当然就不能引用。这层道理,应该告诉学生吗?如果告诉了他们,他们会不会觉得混乱、矛盾?他们会不会觉得我一面告诉他们一个原则，同时却又在破坏这个原则？可不可以现在暂时不谈这个，由他们日后再去发现？……一直到电影散场，杨先生还没能决定究竟怎么办。

好有一比

一

我们这位杨先生是莎士比亚的爱好者,他读朱生豪先生的译本,常常用几段"哈姆雷特"或"暴风雨之夜"来消除疲劳。他最初读这些剧本的时候,总是被那雷霆万钧的剧力完全震慑,简直透不过气来。后来,一遍又一遍,读得多了,才能够自由自在地涵泳玩味。且说这一天,他信手打开一本莎剧,只见剧中人在说:

"恋爱的人,去赴情人的约会,像一个放学回来的儿童;可是当他和情人分别的时候,却像上学去一样满脸懊丧。"

读了这一段,杨先生觉得童心盎然,以前读到这个地方,从没有这样开心过。他很喜欢这一段台词所用的比喻。可不是?孩子来上学的时候,怕考试,怕查作业,怕"爬"

黑板,想起一天的课业负担,心情非常沉重。等到下午放学,今天的难关业已度过,前面是皮球、滑梯、点心,就露出兴致勃勃的样子来了。

"这日子长得叫人厌烦,正像一个做好新衣服的小孩,在节日的前夜,焦灼地等待天明一样。"

"现在你变成一个孤零零的圆圈儿了。"

"新的尊荣加在他身上,就像我们穿上新衣服一样,在没有穿惯以前,总觉得有点不合身。"

"他现在就像一匹八岁的马,完全忘了他的母亲了。"

"我们把它当作一颗蛇蛋,与其让它孵出以后害人,不如趁它还在壳里的时候,把它杀死。"

"他的势力,正像上弦月一样扩展,终有一天会变成一轮高悬中天的明月。"

"一个军人要是不能审察利害,他就跟他的剑没有什么分别。"

他非常喜欢这些句子。比喻也叫"譬喻",用它帮助说明事理,是多么亲切生动啊!"譬喻"在文学作品里面,原是顶重要、顶重要的手段,可是,很多人都说,那只是抒情、描写的手段。很多人都说,说明谁的势力很强大,并且推断他要继续强大,不该把他跟那个不相干的明月扯在一起。

杨先生有点舍不得那些好句子。他又想起"性,犹湍水也,决诸东方则东流,决诸西方则西流"。想起"神之于形,犹利之于刃,未闻刃没而利存,岂容形亡而神在"?想起"车有两轮,鸟有双翼,是故文武之道不可偏废也"。这样的例子多得很!他放下手里的书,另取一本英国散文家培根的论文集,此人长于说理,也很会用比喻。例如"天生的植物,必须以人工加以修剪;人类的天性,也得用学问去诱导才行"。"一个人如被大家认为是会守秘密的,那么,人们便都会将心事向他吐露,好像室内愈是没有空气,愈容易将室外的新鲜空气吸收进来一样。"

杨先生看到这些可爱的句子,把论说文用比喻的问题仔细想了一下。鲁君派孔子弟子宓子贱出去做官,宓子贱向鲁君要了两位秘书同行。到了任所,秘书办公的时候,宓子贱常常从后面拉他们的胳臂弯,秘书没有办法工作,只好辞职。他们回去向鲁君诉苦,鲁君恍然大悟说:"这是宓子贱暗示我用人不可不专,不要随便干涉他的工作。"这件事留下一个典故:掣肘。我们现在用"掣肘"两个字,实际上是在用一个比喻。

语文里面充满了比喻，掣肘、工具、日正中天、典型、文化遗产、人格的污点，都是论说文常用的字样。那么在约定俗成的比喻以外，自己另想一两个比喻，只要恰当，当然很好。

接着，杨先生想到，那反对在论说文里用比喻的人，其实是反对把比喻当作证据。我们不是强调"拿证据来"吗，比喻可不是证据，"车有两轮、鸟有双翼"，不能证明"文武之道不可偏废"。主张文武之道不可偏废的人，必须另外去找论证。如果他找到了可靠的证据，拿这些证据做他那篇文章的主要内容，那时再加说一句"车有两轮、鸟有双翼"，有益无害。培根说过，"在声誉中掺入虚荣，就像在天花板涂上油漆，既能使之发亮，又能使之耐久"。我们也可以说，在论说中掺入比喻，就像在天花板涂上油漆，既能使之发亮，又能使之耐久。

比喻和证据固然应该分开，比喻和故事却有些地方可以相通。我们不是劝人说个小故事吗，在耶稣布道的时候，《浪子回头》是个故事，也是一个比喻。"比喻"叫人由甲联想到乙，"浪子回头"叫人联想到悔改。在这方面，最明显、最浅近的例子是《伊索寓言》。

经过一番思索,杨先生决定教他的学生在论说文里使用比喻。讲比喻是修辞学的事,他从书架上找出修辞学,打开一看,他们不用比喻用"譬喻",密密麻麻,把用比喻的方法设计了许多"格",十分琐碎,不容易记忆,有些格与格之间也难以分得清楚。他想:暂时不要管这些"格",所谓比喻,就是用甲比乙,使人由乙去懂得甲。它的写法,就是:

甲像乙一样。

赴情人之约的人像放学的孩子一样。性情残暴的人像虎狼一样。孤独得像个圆圈一样。他的势力膨胀像中天明月一样。猜疑像蝙蝠一样。知识像鲜鱼一样。这些都是比喻。

使用这个基本句型"甲像乙一样",有三个限制:

1. 甲和乙是不同的两样"东西"。赴约之人和放学的孩子不同,孤独的"人"和圆圈不同。不同,才可以相"比"。

2. 甲和乙之间有一个类似的地方。赴约之人高高兴兴,放学的孩子也高高兴兴。人在孤独的时候觉得一无所有,一个"零"看上去也是一无所有。有了这个相似之处,"比"了以后才可以"喻",比喻,这么一比,我知道了。

3. "甲像乙一样"这个句型,可以有许多变化,还可以把"甲"略去不提,只把乙说出来,这些都是后话,此时按下不表。

二

早自习的时候,杨老师带着他的学生温课,课文是刘基写的《贾人渡河》。据说有一个商人很有钱,他在城里开了一家店铺,城紧靠着一条河,河上没有桥,来往过河要用渡船。有一天,商人出门,他穿上新衣服,带着钱包,来到河边,上了渡船。没想到,船到江心,忽然翻了。商人,连他的新衣服,连他的钱袋,一齐下了水。河水很深,绝对可以淹死人。幸而上面漂过来一团东西,那是一团乱草,河里面常有这种浮草。他抓住浮草,大喊救命。附近有一个渔夫,正在船上打鱼,听见喊声,就驾了船来救人。商人望见渔船走近,心里高兴极了,也感激极了,就大声喊道:"救我!我给你一百两银子。"一百两银子!这是个大数目。渔人本来没指望得到这么厚的酬报,不过,对方既然自愿付出这么多,他也就认为有资格接受。情势非常危急,浮草随时会散开或沉没。还好,渔夫及时赶到了,费了一番力气,把商人救上船,又扶他上岸。商人给渔夫十两银子,算是报酬。渔夫说:"您原来是答应我一百两,现在只给十两,未免不大好吧!"商人很不高兴,反问一句:"你打一天鱼,又能赚多少钱?"渔夫没有办法,只好拿了银子,很失望地走开。

真是无巧不成书,过了几个月,那个商人坐船,船又翻了,而且那个渔夫,又恰好在旁边看见。在翻船的一刹那,商人大喊救命,渔夫却不肯前往,他说:"上一次,你赖掉我九十两银子,这次谁还救你?"既然没有人去救生,商人又不会游泳,这次水面又没有浮草,所以不久商人就沉到水里去,再也看不见了。

对这个故事,班上有两种反应。有人说:"好残忍啊!"

另一种声音同时发出来:"活该!"

从这两种反应中,杨先生得到了一个作文题,那就是《渔人该救商人吗?》。他从作文簿里选出几篇,批改妥当,印出来当作讲义。

第一篇

渔人该救商人吗?我认为,他应该去救那个商人。

别人有了困难的时候,我们应该帮助他;别人有了危险的时候,我们应该援救他。我们在马路上看见一个瞎子,要引他过街;我们在公车站看见一位老太太,要扶她下车;我们看见小孩子跌倒,要把他拉起来。这是我们应该做的事情。

在这世界上,很多人冒着危险去救助别人;也有很多人,自己用多余的力量,很轻松地帮助了人家。拿渔人来说吧,他经常在水上生活,他会驾船,会游泳,船是他的家,那条河是他们的公路。那个商人可不行,他不识水性,看见水就害怕。在水里面,商人是弱者,渔人是强者,一个强者来救一个弱者,并不需要冒什么危险,他用自己多余的力量就行了。从前,过河的地方没有救生设备,那些失足落水的人,都是由附近的渔人自动援救。那些渔人就是古代的救生员。

有力量的人,应该救助没有力量的人;会水的人,应该帮不会水的人;安全的人,应该帮助在危险中的人。所以,那个渔人应该去救那个商人。现在渔人"见死不救,等于杀人"!他错了。

第二篇

从前,在某个地方,法院开庭审判嫌犯,被告是一个五十多岁的商人,他的罪名是欺诈。他要人家为他做事,答应给人家一百两银子,等到事情做完,却只肯出十两。他不守信用,应该受处罚。于是法官站起来说:"判你死刑!拉出去枪毙!"

假如有这样的判决,这判决太不公平了。旁听席上的人一定大喊:反对!反对!

一个商人掉在河里,悬赏一百两银子,征求救命恩人。一个渔人把他救到岸上,他只肯出十两银子。这太不应该了。那个渔人心中一定非常愤恨。等到第二次,商人又翻了船,需要人家来救他,那个渔人却在旁边袖手旁观。这个渔人心里想:"这次你该受报应了!"这个渔人,他自己认为是法官,那条河就是他的法庭。"你该死!"这是判决。我们旁听的人,不能不喊出来:太过分了!太不公平了!

渔人该救商人吗?上面就是我的答案。

第三篇

在学校里,每天早晨要升旗。升旗的时候,我们都要排好队伍,向旗敬礼。升旗以后,老师要查点人数,如果哪位同学没参加升旗,又没有请假,老师一定要给他严重的处分。如果老师不罚,不参加升旗的人就愈来愈多。

老师规定我们剪指甲。不知道什么时候,老师突然叫我们伸出手来,突击检查。要是谁没有剪指甲,就要记一小过。仔细想想,为了指甲记过,实在冤枉。可是,如果不这样重罚,大家都会忘记剪指甲,指甲长得很长,很脏。

社会上有很多人不讲信义,专门自己占便宜,叫人家吃亏。这种人太不道德。可是谁来处罚他们呢?没有。既然没有人处罚他们,他们这样的人就愈来愈多。有人说:"人心太坏了,天上早晚要下来一场大火,把一城一城的人都烧死。"为什么呢?为的是给世人一个严重的警告。

那个商人是个不守信义的人。他既然不守信义,就叫渔人来惩罚他。渔人针对他的处罚太厉害了一点,那也没办法,为的是给别人一个警告。否则,世界上坏人愈来愈多,就非用天火来烧不可了。

三

"我为什么把这三篇作文选出来给你们看呢?"杨老师说他的理由:

第一篇文章,它的思想骨架是"有力量救人的人,应该去救无力自保的人。渔人有力量救一个落水的人,商人落水后无力自保,所以渔人应该去救商人"。整篇文章,根据这个骨架排布而成。这篇文章,在一开头的地方,就说出自己的结论来了:"我认为他应该去救那个商人。"先下结论,然后再说理由,古人称这种写法叫"开门见山",今人称这种写法叫"判决书式",法院里的判决书,总是先写"主文",再写理由。

第二篇文章,思想骨架是"罪与罚应该相称,犯欺诈罪的人不该死,所以渔人不该置商人于死地"。这篇文章的写法,是先说一个故事。这个故事,好像跟题目没有关系,其实作者的结论,早已藏在里面了。

第三篇文章,思想骨架是"轻罪重罚,可儆效尤"。商人的罪虽然轻,但是罚不妨从重,所以渔人可以不救商人。这有点"治乱世用重典"的意味。作者"轻罪重罚,可儆效尤"的想法从哪里来的呢?从升旗来的,从剪指甲来的,换句话说,是归纳得来。他归纳得到这个结论,再用这个结论去解决"渔人是不是该救商人"的问题。

杨老师提高声音说:"这些不谈,我下面要提醒你们,在论说文里面,比喻也是很重要的东西。在第一篇文章里有很多比喻,这些比喻是我加进去的,我要你们看一看,有了这些比喻,是不是说理更明白流畅一些?读起来更亲切生动一些?"

他把第一篇作文里的"比喻"写在黑板上:

1. 船是他的家,那条河是他们的公路。
2. 那些渔人就是古代的救生员。

杨先生继续说:"第二篇呢,用比喻用得更好。作者在前面先说一个故事。这个故事的本身就是个比喻。有了这个大比喻，我们就可以添上后面的小比喻。我们可以说渔人是法官，说河岸是法院，说读者是旁听席上的听众。事理的是非曲直好像衬托得更显明了。"

"然而，怎样用比喻呢？"杨先生把那天晚上所想到的，大略说了一遍。当然，他还要多举一些例子，让大家见多识广。评论者形容年轻人在恋爱的时候"紧张得像个间谍"，一旦失恋了，由敏感转为麻木，"本来如醉，现在如死"，"就像军事上的大崩溃那样，溃败是从出击失利开始，却不能再守住原来的阵地。"评论陋规陋习：一件不中规矩的事，只要相沿成风，即可得到承认，就像人人用字把"灑"写成"洒"，把"體"写成"体"，后编的字典就会注明"灑"跟"洒"、"體"跟"体"相同。山路崎岖难行，附近的居民有一位吴先生发愿修路，他每天都抽出一段时间辛苦劳动，评论者比之为移山的愚公。但是评论者说，愚公感动了天神，所以移山成功，现代的县市政府、地方巨绅为什么不受现代愚公的感动出面修路？光阴催人老，道是相逢不相识，评论者说："时间是轮子吗？它更像斧凿，它无情地敲打生命，使之面目全非。"

很多很多，我们取之不尽，观之不足。

最后,杨先生说:"我几乎忘了告诉你们。这次作文,有一位同学写得很特别。他说,他不知道渔人到底该不该再去救那个商人。想过来,好像应该去救;再想过去,好像又不该去救。他说,他不能决定,别人讨论这个问题的时候,他打算做个中立派。"

说得大家都笑起来。

"对这样的中立派,好有一比,比做什么?"

"墙头草!"一个同学说。

"蝙蝠!"又一个同学说。

反问

一

有一天下午,杨先生经过训导处,听见训导主任正在"训"一个学生:

你身高一米五,还算不算是个小孩子?上学读书,应该迟到早退?上课应该打瞌睡,是不是?月考有四门重要的功课不及格,心里高兴吗?成绩单拿回家,不敢给父母看,划一根火柴烧掉,问题就算解决了吗?你这样下去,将来能做什么?做工人,你有力气吗?做乞丐,你的腿断了吗?什么都做不成,去做小流氓吗?

停了一下,训导主任又把一连串的问号朝那个学生的头上轰去:

> 你将来想做什么?做流氓吗?做乞丐吗?月考应该不应该及格?成绩单应该不应该拿给父母看?上课应该不应该打瞌睡?上学应该不应该早退?你来骗谁?为什么要欺骗?为什么不诚实?我们天天过愚人节,是不是?

那个受责备的学生一面垂头丧气,一面又得挺直双腿,自肩以下保持立正姿势,那样子,看上去有点可笑。他对训导主任提出来的问题,一概不敢回答,这不仅是在礼貌上不许回答,同时也因为每一个问题的答案对他自己都不利。训导主任呢,他显然觉得责骂学生不是一件轻松的事情,他得想出很多难听的话来,使那个学生羞愧、难过,却又不能失去教师的风度。他向那个学生提出一连串问题,这些问题,在他是明知故问,发问的目的,不在得到答案,而在利用反问的方式,表达自己的意见,完成他对那个学生的批评。

听见训导主任"训"学生,杨先生想起他最近看的一场电影。电影的主要场面是法庭开审的情形。为了一件谋杀案,原告检察官和被告的辩护律师,双方唇枪舌剑,不过检察官和律师并不直接辩论,他们轮流盘问证人。他们努力把对方的证人"问倒",好显出对方理屈,自己理直。那律师或检察官,都利用反问的方式,表达自己的意见,完成对那位证人的批判。杨先生还记得有一场对白是这样的:

律师(低声):我的话,你听得清楚吗?

原告证人:你说什么?

律师(声音更低):现在能听清楚吗?

原告证人:啊?什么?

律师(提高声音):你的耳朵有毛病吗?

原告证人:有一点毛病,不过,它并不妨碍我。

律师:你说,女主人被人杀死的那天晚上,你听见女主人房里有一个男人,两个人有说有笑,是吗?

原告证人:是的。

律师:那个男人,你认为就是被告,是吗?

原告证人：是的。

律师：你住在主人家里？

原告证人：是的。

律师：女主人住在楼上，你住在楼下厨房旁边？

原告证人：是的。

律师：楼上有人讲话，你能听得出是谁的声音？

原告证人：没有别人可以跟女主人那样谈笑。

律师：那是什么的谈笑？一种有爱情在内的谈笑？

原告证人：我想是的。

律师：那天晚上，也就是女主人死前，你是几点几分听见楼上有谈笑的声音？

原告证人：九点三十分左右。

律师：电视公司有没有一个节目，叫"可爱的家庭"？

原告证人：有。

律师：这个节目，在晚上九点二十分到九点四十分播出。你怎么知道那天晚上楼上谈笑的声音不是女主人独自收看这个节目？

原告证人：……

从电影上看，英美司法审判主要的过程，就是双方互相盘问对方的证人，利用反问的方式推倒对方的证词。在那种司法制度下，律师和检察官都磨练发问的技巧，把自己的一套理由分解成若干问号。这和训导主任"训"学生的方式，真有异曲同工之妙。

二

吃晚饭的时候，杨先生听见饭桌上有人主张女孩子只要识字就行了，不必受高等教育。他立刻想到，对于"女孩子不应受高等教育"之说，可以用一连串的反问来表示批评。例如：女孩子没有眼睛吗？女孩子没有智力吗？医院里不要女医生吗？学校里不要女教师吗？居里夫人不是女人吗？吴健雄不是女人吗？……

一连几天，社会上都在讨论"免试常识"的问题。小学毕业生升初中，本来要考三种功课："国语"、算术、常识，后来，教育当局觉得孩子们的课业负担太重，决定初中入学考试不考常识，这样，孩子的课业负担是减轻了，可是有些"国民学校"因此不重视常识教学,甚至根本不教常识。于是有人忧虑,免试常识的结果将使第二代都没有常识。有人认为免试常识的结果是动摇根本。

杨先生打开收音机,正好听见里面讨论免试常识和根本的问题。这个节目主持人,好像不同意"免试常识足以动摇根本"的说法,可是,他没有成篇成套地说出自己的理由,他只问了对方几个问题,就把自己的主张表示得明明白白。杨先生觉得广播中的那一段谈话很不错,可惜来不及记下来,好在他认识这位节目主持人,就立刻写了一封信去称赞这段谈话稿。过了几天,谈话稿寄来了,内容是这样的:

客:王先生,你赞成不赞成恢复常识考试?
主:你是说,初中入学考试要不要考常识?
客:是呀。
主:我看,照现在的情形,还是不要考常识。
客:不行!怎么可以不考常识?不考常识,"国民学校"里就不教常识,学生都没有常识,"国民学校"的学生没有常识,将来下一代都没有常识,你想想看,一个国家的人都没有常识，那个国家还能存在吗？免试常识不是动摇根本吗？

主：李先生，你的意思是，"国民学校"里的常识教科书一定要教，是吗？

客：是的。

主：你是说，为了要他们切切实实地教，升学的时候一定得好好地考？是吗？

客：是的！

主：如果不教，不考，谁也不知道常识教科书里面写的是什么，那就要动摇根本，是吗？

客：当然！

主：李先生，我这里有一本常识教科书，是"国民学校"的课本。这本书问：诺贝尔奖是由哪一年开始的？您知道吗？

客：这，我倒不知道。

主：中国的海岸线一共有多长？北边从哪里开始？南边到哪里结束？

客：我忘了。

主：电池有三种，第一种是什么？第二种是什么？

第三种又是什么？南洋群岛一共有多少华侨？二战以后几个国家独立？意大利的教堂很多，哪一座教堂最有名？元朝的铁木真原来住在哪座山上？

客：我不信会有这样的问题，你跟我开玩笑！

主：李先生，教科书在这里，这些问题的答案，我也背不出来。请问你，你现在觉得动摇根本了吗？

除了代抄原稿以外，节目主持人还写给杨先生一封信，提出一个"反拜托"。这位节目主持人接到了听众方先生的一封信，这位听众很年轻，他说，他对女孩子一点兴趣也没有，一向不爱跟她们打交道，甚至连看她们一眼都不愿意看，于是，女孩子都批评他骄傲，说他不通人情。他写信向节目主持人请教，问应该怎么办，节目主持人转向杨先生请教，请他代写一篇答复的话。杨先生想了一想，写的是：

> 有一位方先生写信给我，写得很有意思。他说，他对女孩子们一点兴趣都没有，他见了女孩子，不但不爱跟她们说话，连看都不爱看她们一眼。他的态度既然如

此，女孩子们对他的态度当然也不友善，有时候，这位方先生觉得也很烦恼。大概有一天，在他觉得烦恼的时候，就写给我一封信。

站在方先生这方面来说，他大概是个很有道德的君子，一向"非礼勿视"。其实，这种想法太迂了。照我们新的道德标准，方先生遇见了他顺眼的女子，尽可以大大方方地看她一眼。女孩子们是很欢迎你看她的。你想想看，我们男人出门，打一根领带就走，她们出门要对着镜子捯饬半天。她为什么那样不怕费事，还不是为了给你看？你不看她，岂不是枉费她一片苦心？当然，看她的时候要大大方方地看，要用善意的眼光看。

在我看来，方先生似乎缺少一种能力，就是跟女性相处的能力。社会上有很多男人认为女性很难相处，跟女性在一块的时候，他觉得很受委屈。他觉得在女子面前转来转去是很无聊的举动，从女子身旁走开，离女人远一点，才比较舒服。这种舒服是真舒服吗？不是，事后想想，又真不舒服。这样的男人，可以活得很孤单，往往很迟、很迟还不能结婚。

我奉劝方先生培养一种能力，就是跟女性相处的能力。方先生，你如果有女同事、女邻居，你如果碰见女店员、女理发师，请你用平常的态度对待她们。她们既不是天仙，也不是妖怪，她们也是人。你不必紧张，不必害羞，更不必不耐烦，你不一定要故意奉承她们，可是也不必故意躲着她们，你不必故意看她们，可是也不必故意"不"看她们。

写好以后，杨先生忽然想起：为什么不用反问的语气写呢？他另外拿一张稿纸，从第二段起改写：

方先生，你是主张"非礼勿视"的吗？你觉得，男孩子不应该看女孩子，是吗？请你告诉我，为什么不应该？

她们不漂亮吗？不可爱吗？她们是妖怪吗？是神仙吗？

女孩子在出门之前，对着镜子收拾半天，她是为了什么？

如果大大方方地看她一眼，你觉得有困难吗？

如果平平常常地跟她谈几句话，你觉得很困难吗？

你是在故意躲起来不看她们吗?

大大方方地看她一眼,或者平平常常地跟她们谈几句话,是对她们的一种欣赏,一种礼貌。这话你赞成吗?

封寄这篇文稿的时候,杨先生觉得可以下一句结论,那就是:说明事理可以用反问的手段。"人生自古谁无死?"就是说人皆有死。"肯把功名付水流?"意思就是不肯。"相去几何?"意思是差别很少。"何可废也?"就是不能废除。

三

在论说文里面用反问的语句,可以使文章出现耸拔的气势,使读者特别注意。一问一答,自问自答,或是只问不答,是文章常见的句法。先问后答可以引起读者的注意,只问不答可以触发读者的思考。还有,问的时候,好像语气忽然提高了,答的时候,好像速度会慢下来,这就是"抑扬顿挫"。

像下面的例子:

什么事叫做大事呢？大概地说，无论哪一件事，只要从头到尾彻底做成功，便是大事。（孙文）

人生什么事最苦呢？贫吗？不是。失意吗？不是。老吗？死吗？都不是。我说人生最苦的事，莫若于身上背着一种未了的责任。（梁启超）

天下事有难易乎？为之，则难者亦易矣；不为，则易者亦难矣。（彭端淑）

在寻找这些例证的时候，杨先生又在很多论文里面，发现自问自答的情形。"风俗之厚薄奚自乎？自乎一二人之心所向而已。""多乎哉？不多也。""母贵则子何以贵？子以母贵，母以子贵。""我们生在哪一个时代？我们生在现代。现代的人，还相信香灰可以治病吗？我们的答复是：不相信。""我们为什么肯吃苦？我们为什么不灰心？无非是为了追求那个光明的远景。"这种自问自答的写法，富有对话的趣味，好像作者把读者请来当面交谈一样。

杨先生是个"中庸"的人，这种自问自答的办法，他也反对多用。在一篇论说文里面，只要有两三处也就够了。他主张要用就用在文章开头的地方，吸引读者继续看下去。

不过在教学的时候，他也常常找一些极端的例子，证明这办法是可行的，是需要反复练习的，然后拿这个办法做有限度的使用。

他自己先做练习：

> 甲：你想到美国去吗？
>
> 乙：我有国有家，到美国去干吗？
>
> 甲：中国有大峡谷吗？有黄石公园吗？
>
> 乙：美国有桂林山水甲天下吗？
>
> 甲：有了住房，不想再有别墅吗？
>
> 乙：有了别墅，不想家庙祠堂吗？
>
> 甲：不想交很多很多新朋友吗？
>
> 乙：不想拥抱亲人和邻居吗？
>
> 甲：一辈子开门见山好，还是看尽天下名山好？
>
> 乙：做一个研究牡丹的专家好，还是走马看花好？

还有：

> 甲：你将来想做什么？

乙：你呢？将来做什么？

甲：你想不想做医生？

乙：你想不想做天文学家？

甲：你讨厌人间烟火吗？

乙：你喜欢狗屎牛粪吗？

甲：就算做了天文学家，你能离开地球吗？

乙：就算做了医生，你能长生不死吗？

甲：天文学家的望远镜里有天堂吗？

乙：医生的听诊器里面有灵魂吗？

甲：天文学家不生病吗？

乙：医生不做梦吗？

杨先生相信又找到了写论文的一个方法。他想起来，他说论说文的句子是一些"是非法"的句子，曾有学生提出疑问，认为论说文里面有很多句子并不合乎是非法。现在，他可以综合回答，那是因为下面几个原因：

1. 写论说文的人，要找一些证据来支持自己的"是非"，在叙述证据的时候，其中有些句子不需要是非法。

2. 写论说文的人，有时要用一个小故事来启发读者，他在讲故事的时候，可以暂时撇开是非法。

3. 写论说文的人，有时需要用一段描写来打动读者，描写时不用是非法。

4. 写论说文的人，有时用诗人的口来说话，诗句不用是非法。

5. 写论说文的人，有时用反问的口吻说话，反问的句子不合是非法。

如果没有这五种办法，论说文未免枯瘦干燥，不能充分发挥它的效用，有了这五种办法，骨骼隐藏在血肉发肤之内，而发肤之外又经过适当的化妆。

说到反问的句法，绝不高深隐秘，学生们早已在使用了。吴强就写过："他们也都有短处，干吗要那么骄傲呢？"古仁风就写过："如果不体罚学生，要藤条做什么？"龚玫就写过："假使你走在路上，看见地上有一卷钞票，它明明是别人遗失的东西，你打算怎么办？掉头不顾而去吗？把它拿回自己家中吗？想办法使丢钱的人再找到它吗？"反问，用反问的语气表示肯定的态度，原是人类语言中已有的技能。学生以前把这种能力用在论说文中,是不自觉的,如果加以点破,就可以由无意识地使用,变成有意识地运用了。

好,更多的实验由同学们去做吧,他们更聪明。

补习

一

升学竞争愈来愈剧烈,每一位家长,都希望他的子女能在考场上击败别人,进入理想的学校;由各学校组成的考试委员会,为了使名落孙山的考生心服,在出题的时候费尽心思;而准备应考的学生,为了攻破这一座坚强的堡垒,天天努力充实自己的学力。学生跟学生之间在竞争,学生跟考试委员会之间也像在竞争。在这种尖锐无情的竞争下,正规的学校教育不够应付,"补习班"应时而生。补习班的教学是专门针对着升学考试而设计的,升学考试如果是一场战争,"补习"就是战争前的参谋作业。

一天，天助补习班的主任朱先生来拜访杨老师，寒暄过后，朱主任说明来意："杨兄！我想请你到我们补习班兼点课。"

"你想叫我教什么？"

"我想新开一门课程，叫作文研究，由你来担任，你看好不好？"

"作文怎样研究呢？我从来没有想过！"杨老师说。

"杨兄！所谓作文研究，就是文章作法。"朱主任急忙解释。

"为什么不叫文章作法呢？"

"我觉得，作文研究四个字的气派比较大。"

"好吧，"杨先生说，"我们先来研究研究：这门课怎么教法？"

"现在的学生，不怕写抒情文，最怕写论说文。年轻人，情感都很丰富，伤春悲秋，无论如何可以写几句；论说文要有见解，就难住了他们。现在考试偏偏喜欢出论说题，我们补习班很想加强这方面的教学，作文研究其实就是论说文作法。老兄，你看这个构想有价值没有？"

杨先生说："对我很有价值，我可以赚到钟点费。"

两人哈哈一笑，就算谈妥了。

二

第二天到补习班上课，杨先生看见教室里坐满了学生，知道需要来"研究"作文的人很多。他走到讲台上，先来一段开场白：

"朱主任对我说，你们写抒情文都写得很好，你们写论说文都写得不好，你们都想暂时放下抒情文，研究研究论说文。本来，一个人如果喜欢抒情文，就该去抒情，一个人如果不喜欢论说文，大可以不论不说。可是你们没有这个自由，你们要升学，要考试，考试委员常常出论说题，你们不得不在考前研究论说文。"

"要写抒情文，得先会叹气，要写论说文，得先会抬杠。会叹气的人很可爱，他在那儿轻轻叹一口气，你觉得他有点软弱，有点温柔。如果他在那儿跟你抬杠，你说台北市的公共汽车办得好，他偏说很糟；你说中国电影不进步，他偏说进步很大，你觉得这个人真别扭。抒情的人去看晚霞,看杜鹃花,看女朋友的眉毛;写论说文的人不看这些,去看你做的对不对,他做的对不对,孟子说的对不对。你们放下自己喜欢的抒情文,来学自己不喜欢的论说文,很可能减少了你可爱的地方。这是你们的冒险。在今天的情势下,你们也许觉得,宁可做一个在考场上胜利而未必可爱的人,不愿做一个在考场上失败而可爱的人。"

"我们应该怎样写论说文呢?论说文跟抒情文的分别在哪里呢?我的答案是:论说文的句子,是一种'是非法'的句子。"

讲到这里,杨先生看见后排有几张面孔笑眯眯的,怎么看上去这几张脸孔很熟?可不是吗,那是金善葆呀,刘保成呀,赵华呀,吕竹年呀,吴强呀。他第一次看见吴强的笑容。原来这些人也来参加补习!

三

在补习班讲课的时候,杨先生把论说文的写法列成下面的条文:

1. 用"是非法"的句子组成骨干。

2. 为这个"是非"找两个以上的证据。

3. 如果可能,准备一个小故事。

4. 如果可能,准备一两位权威的话。

5. 如果需要,准备一些诗句。

6. 如果需要,准备使用描写、比喻。

7. 偶然用反问的语气。

8. 偶然用感叹的语气。

补习班盛行"考前猜题"。每年暑假升学联考之前,补习班想办法打听今年由谁出题,他们把命题委员的全部著作买来研读,推测他的命题倾向,由倾向设定命题范围,在这个范围以内拟定几组甚至十几组题目,对补习班的学生进行模拟考试,他们的试场跟升学联考的试场布置得一模一样,考试的规则和进行的程序也一模一样,让学生先熟悉考试的环境,到了考试的那天才不会怯场。

补习班把作文的"考前猜题"交给杨先生。多年以来,升学联考的作文题都是针对一件事情,一个概念,例如"勤能补拙","服务为快乐之本",补习班摸清了这样的命题倾向，猜中的几率很高。考试委员会也是年年跟补习班斗智。去年，作文题目改变了，改成"冒险与谨慎"，这样，猜题就比较难了。今年他们猜测的作文题，第一个是"嗜好与专长"，好吧，杨先生说，咱们今天谈谈"嗜好与专长"。

先仔细看看题目，审题。为什么把"嗜好"和"专长"放在一起讨论呢，我们得给它找个理由。嗜好和专长可以相通，也可以相反，专长为人服务，嗜好自己享受。专长可以挣钱，嗜好自己花钱。专长，人受环境支配；嗜好，环境受人支配，这是相反。许多人是先有乐趣，乐趣深化，成为嗜好，嗜好深化，成为专长，这些人爱他的专长，这是相通。这个相反和相通未必是命题委员的意思，它可以是我们的意思，有了这层意思，文章就有了骨架。

一般人都认为论说文很枯燥，爱听故事，文章开头，我们就先说一个小故事吸引他。你们念历史，知道战国时代有"养士"的风气，你是人才，你没有职业，到我这里来，我养着你。冯谖到孟尝君门下做食客，孟尝君问他："客何好？"（您有什么嗜好？）冯谖的回答是我没有嗜好。孟尝君再问："客何能？"（您有什么专长？）冯谖说我也没有专长。好，小故事要"小"，冯谖的故事很长，到此为止，下面的情节咱们用不着。

这段对话很精彩，而且有反问的语气，符合"杨八条"的需要。孟尝君把嗜好和专长分开，很有意思。人应该有嗜好也有专长，凭一个人的嗜好和专长可以了解那个人，嗜好对孟尝君无所谓，专长有一天他用得着，他先问对方个人的嗜好，后问他需要的专长，显示他对个人的尊重。这未必是孟尝君的意思，可以是我们的意思。

针对题目，专长和嗜好并举，人活在世界上最好既有专长也有嗜好，文章有了"骨骼"，需要"肌肉"。专长发展生活，嗜好调剂生活，例如一个化学家，工作提高他的生活水平，也使他的生活有意义。他在实验室里受定律支配，没有个人自由，空闲时他画画儿，专画一切的不可能，反抗自然，这样，好像精神上就平衡了。专长对社会有用，嗜好对自己有益，例如一个医生，平时在诊所担当病人的痛苦，压力大，周末喜欢打网球，和那些健康快乐的运动员共享阳光、新鲜空气和生命力，放松自己。这些算是"肌肉"。一个人的专长可以是另一个人的嗜好，歌手的专长是唱歌，有了空喜欢种花；花匠的专长是种花，有了空喜欢听歌。嗜好也可能发展成专长，听说美食家喜欢吃好菜，一心一意讲究怎样做出好菜来,后来变成了名厨;也听说有人喜欢唱戏,自己拿钱出来维持一个戏班子,越唱越红,后来就做了职业演员。这些也是"肌肉"。

嗜好和专长都需要培养,培养需要时间,引用权威,梨园行说"台上十分钟,台下十年功",其实十年时间不够,所以又说"三年出一个状元,三十年出一个戏子"。其实状元也经过"三更灯火五更鸡",也经过"十年寒窗无人问",这是引用诗句了,诗句是论说文的化妆。

专长令人生敬,嗜好令人生爱。这两句也是骨骼。那么拿证据来!周瑜比诸葛亮可爱,因为周瑜除了带兵打仗,文化生活很丰富,喜欢音乐。他听音乐的时候通常不看演奏的人,若是演奏出了错,他才抬起头来看一眼,台上那美丽的女孩子就故意弹错一个音,惹他注意,这地方再引一句"曲有误,周郎顾"。当然,周瑜若是在赤壁之战打了败仗,他的故事就索然无味了。有一个孤儿院院长整天不上班,因为他养了三十条狗,这就讨厌了。他的嗜好压倒专长,你也可以说他改换了专长,他变成一个养狗的专家。如果他辞职转业,另开一个什么院,专门替富人照料宠物,那又可能是一个可爱的人。

也有人嗜好并未培养成专长，而是发展出"癖"来。癖不是专长，也不是乐趣，癖是一种病。一个人尽管有所好，也要常问自己何能，所好是人生道路两旁的风景，所能才是你走完全程的条件。这些意思都可以生肌长肉，使你的论说文丰满。

杨氏一席话，全班写论说文。然后，杨先生告诉他们怎样修改，并从作业中挑选出一个样本：

嗜好与专长

战国时代，冯谖到孟尝君门下做食客，孟尝君问他："客何好？"（您有什么嗜好？）冯谖的回答是我没有嗜好。孟尝君再问："客何能？"（您有什么专长？）冯谖说我也没有专长。

这段对话精彩，孟尝君把嗜好和专长分开，很有意思。专长为人服务，嗜好自己享受。专长可以挣钱，嗜好自己花钱。专长，人受环境支配；嗜好，环境受人支配。孟尝君好像认为人应该有嗜好也有专长，他想借一个人的嗜好和专长了解那个人，而且他先问嗜好，后问专长，显示他对个人的尊重。

人活在世界上最好既有专长，也有嗜好。专长发展生活，嗜好调剂生活，例如一个化学家，工作提高他的生活水平，也使他的生活有意义。他在实验室里受定律支配，没有个人自由，空闲时他画画儿，专画一切的不可能，反抗自然，这样，好像精神上就平衡了。

专长对社会有用，嗜好对自己有益，例如一个医生，平时在诊所担当病人的痛苦，压力大，周末喜欢打网球，和那些健康快乐的运动员共享阳光、新鲜空气和生命力，放松自己。

一个人的专长可以是另一个人的嗜好，歌手的专长是唱歌，有了空喜欢种花；花匠的专长是种花，有了空喜欢听歌。嗜好也可能发展成专长，听说美食家喜欢吃好菜，一心一意讲究怎样做出好菜来，后来变成了名厨；也听说有人喜欢唱戏，自己拿钱出来维持一个戏班子，越唱越红，后来就做了职业演员。

嗜好和专长都需要培养，培养需要时间，常听人说"台上十分钟，台下十年功"，其实十年时间不够，所以又说"三年出一个状元，三十年出一个戏子"，唱戏成名难。其实状元至少也经过"十年寒窗无人问"，金榜题名只是冰山冒出尖顶来。

专长令人生敬,嗜好令人生爱。我总觉得周瑜比诸葛亮可爱,因为周瑜除了带兵打仗,文化生活很丰富,喜欢音乐。他听音乐的时候通常不看演奏的人,若是演奏出了错,他才抬起头来看一眼,台上那美丽的女孩子就故意弹错一个音,引他一顾。我喜欢这个故事。当然,周瑜若是在赤壁之战打了败仗,他的故事就索然无味了。

有一个孤儿院院长整天不上班,因为他养了三十条狗,他的嗜好压倒专长,你也可以说他改换了专长,他变成一个养狗的专家。他应该辞职转业,另开一个什么院,专门替富人照料宠物。

孟尝君先问冯谖"何好",再问"何能",大部分人都是先有乐趣,乐趣深化,成为嗜好,嗜好深化,成为专长。可是也有人嗜好并未培养成专长,而是发展出"癖"来。癖不是专长,也不是乐趣,癖是一种病。一个人尽管有所好,也要常问自己何能,所好是人生道路两旁的风景,所能才是你走完全程的条件。

四

补习班认为今年作文的命题委员一向主张国文课要灌输中国文化的人格教育,考前猜题有"法古今完人"。杨先生一看,这个题目容易!

骨干:古代有一些完美的人格,今人效法,也有了完美的人格。效法那些完美的人格,可以使我们减少缺点,进而达到完美。

证据:唐代王义方的母亲,效法汉代王陵的母亲,成为伟大的母亲。

颜真卿效法他的哥哥颜杲卿,成为千古名臣。

小故事:蒋梦麟的《西潮》里面那个抗日的儿童。

引用"权威":"养天地正气,法古今完人"。

引用诗句:文天祥"为严将军头,为嵇侍中血"。

反问的语气:庸庸碌碌的一生能满足我们吗?

感叹的口吻:多么悲壮啊!

下面是根据这一设计写成的文章:

历史上很多人有完美的人格,使后人感动、羡慕,立志效法。

蒋梦麟写的《西潮》里面有个小故事,中国在对日抗战期间牺牲很大,民心士气却非常高昂,"前仆后继"。他看见一个小孩子拿着半截竹竿跟一棵大树作战,这孩子从四面攻打那棵树,最后躺在地上说:"我要死了!日本人把我打死了!"看!前方将士英勇的精神,这样强烈地感染后方的人民。

无论在古代、当代,完美的人格都能这样有力地影响别人,谁受到这影响,谁就有希望做出同样伟大崇高的行为,使自己的人格也接近完美。唐代的王义方想弹劾奸臣,又怕奸臣向他报复连累母亲受苦,他的母亲知道儿子的心事,就慨然说:"从前,王陵的母亲要王陵专心为汉家立功,要儿子永远不必顾虑母亲的安全,就自杀而死。现在,我的儿子可以比得上王陵,我这个母亲也比得上王陵的母亲!"她勉励王义方放胆去为民族尽大孝。

在唐代，李希烈造反，强迫颜真卿投降。颜真卿想起了自己的哥哥颜杲卿，颜杲卿被安禄山找去的时候，不但不肯投降，还大骂安禄山是奸贼，宁可被安禄山杀死。颜真卿向他的哥哥学习，他同样坚贞，同样壮烈，也同样名垂千古。

做一个平庸的人是很容易的，可是庸庸碌碌的一生能满足我们吗？我们需要一种力量来脱离平凡的境界，变成有光有热有贡献的人。古今完人能给我们这种精神力量。试想王义方的母亲不顾全家的生命安全，内心也是痛苦极了，王陵的母亲在支持她。颜真卿宁死不降贼，多么悲壮！颜杲卿增加他的勇气。文天祥是我们的伟大榜样，可是在文天祥心目中，他也有自己的榜样，那就是"为严将军头，为嵇侍中血"，《正气歌》里面的那一连串的典故。如果文天祥只佩服安享富贵的人物，他还能在国家危难时奋不顾身吗？我们也该找一些完美的人格做榜样，也需要那种精神力量吸引我们奋发向上。

"养天地正气，法古今完人"。我们拿这句名言来勉励自己吧！

五

这种"作文研究"不需要讲义,也没有固定的作业。上课以前,教师先"研究"作文题目,告诉学生这个题目怎样写,那个题目怎样写,向学生提供许多资料。这些数据,有时候对另一个作文题也能适用。

例如颜真卿的事,"法古今完人"里面可以用,换一个题目"谈模仿"未尝不可以用;《西潮》里面的小故事,写"法古今完人"可以用,写"民族精神教育的重要"又未尝不可以用。下课以后,学生"研究"自己的笔记,熟记这些数据,思索它们对别的题目有没有用处。

杨老师讲"作文研究",根据他的"杨八条"来搜集资料,不过他也对学生说:"那个所谓'杨八条',并不是一条也不能缺少。一篇论说文,不一定要有反问的语气、感叹的口吻,不一定非用描写、比喻不可,不一定要引诗,更不一定要穿插故事。这些都是可有可无的。大体说来,你的论说文必须有个思想骨架,必须找出两个、三个证据,这两项顶要紧,其余几项,在不得已的时候可以减少。"

至于小故事，如果一时找不到，也可以自己编。有一种方法叫"故事新编"，把从前的故事拿来改造一下。比方说，西施很美，东施不够美，东施常常想，怎么样能赶上西施才好，可是越学离西施越远，这个故事叫"东施效颦"。如果"新编"，这个东施就现代化了，她认为女人求美一定得打扮化妆，她花很多钱买最新款式的衣服，买各种名牌的化妆品，尽心学习化妆的技巧，即使不出门，也整整齐齐，该红的地方红，该白的地方白。

西施呢，并不画眼线，也不装假睫毛，衣服是普通质料，也没有珍珠宝石。可是她脸色开朗温润，声音响亮和悦，气质引人向上。看上去，不管什么时候、什么地方，都是西施比东施美。

东施每天研究时装，每天打算怎么赚钱买贵重的化妆品。西施呢，她参加公益团体做义工，每逢周末去教孤儿院的孩子唱歌，去替孤苦的老人打扫房间，去学习做陶器，卖掉陶器去救远远近近的难民。她和那些志同道合的朋友天天笑口常开，笑得那么甜，那么自然。

所以西施永远美，每一个时期有每一个时期的美。"美"的秘诀在于喜乐，"喜乐"是世上最有效的美容剂，而得到喜乐的秘诀在于助人,"助人"是世上最可靠的养颜术。

辩论会

一

只有在上作文课的时候,才显出国文教员的潇洒悠闲。作文课的时间是两小时,在这两小时内,教师只需在黑板上写一个题目,就可以自由利用剩下的时间。这天下午,每一位教师都在上课,都在忙碌,杨先生却袖了手在球场上散步,偌大的校园里只有他一个人,因为他在上作文课。

当然,像杨先生这样认真教学的人,不会有真正的悠闲。最近常常有学生向他诉苦,说自己对论说文的作法是知道了一点,可是没有什么可写的。他们来问老师:将来参加升学考试的时候,万一看见作文题目觉得脑子里空空洞洞的,那怎么办?杨先生几乎答不上来。

"先生,麻烦你!"背后来了一个人。这是一个陌生人,夹着皮包,看他的神情不像家长,不像督学,也不像文具推销员。大概是找人问路的吧,杨先生跟他点点头。

"请问,贵校有个学生叫刘保成?"

刘保成,那是杨先生班上的学生呀。杨先生对这个陌生人开始发生兴趣。

"我是大明汽车公司的稽查员。"陌生人说,"我们接到贵校学生刘保成的投书,公司特别派我来调查。"说着,他打开皮包,把一封信拿出来。杨先生一看就知道是刘保成的字迹。这封信写的是:

总经理先生:

我问您一个问题好不好?你们公司的车掌是干什么的?是把人由车子上推下来的吗?

你们公司登广告,贴标语,说是要为乘客服务。为乘客服务,就不该把人由车上推下来。何况人被推倒在地上呢!何况外面在下雨呢!何况地上有水呢!何况我们要考试呢!

你们既然要为乘客服务,车掌就该对人和和气气,等我们上了车再关门,等我们下了车再吹哨子,有人问路,好好告诉人家。总经理先生,对不对?

如果你们为乘客服务,以后不许她再推人!

下面是刘保成具名,并且注明就读的学校。

杨先生说:"这件事,训导处可以帮你处理。"他把那位稽查员带到训导处去。一路上,稽查员唠唠叨叨地说:"本公司一向竭诚为乘客服务。这封信,我们总经理非常重视,亲自批交稽查处,兄弟专为这件公事来贵校调查。我们希望能知道此事的详细情形。有了出事的日期、地点、车辆班次、车掌号码,本公司才好处理。本公司一向竭诚为乘客服务……"

杨先生没有注意听身旁的唠叨。他心里在想:刘保成的论说文,一向不流畅,这次给汽车公司写信,怎么能写得有板有眼、一气呵成? 固然,这封信有个大缺点,他没有把车掌推人的经过"说"清楚。他应该先"说"后"论","说"是"论"的根本,只"论"不"说",所"论"便失去依据,读来叫人摸不着头脑。不过单就所"论"的一部分来说，很叫人对刘保成刮目相看了。

"车掌推人"究竟是怎么回事，也不难想象得出来。刘保成是通学的学生，通学是很辛苦的事情，每天早晨六点多钟就得去挤公共汽车。万一下雨，每个学生都愿意早点登车，车上车下挤得更厉害，完全谈不到秩序。车厢已经装满了，应该关车门了，非登车不肯干休的人还在车门口绞成一个肉疙瘩。

这时候，车掌小姐的心里是矛盾的：为乘客着想，就该尽量装人；为公司着想，就该尽快开车。一旦效忠公司的心压倒了同情乘客的心，她就伸出手来往下推，把塞在车门口的人推开。在那乱哄哄的情形下，难保没有人跌倒，她就趁着你跌倒的时候，关上车门，哨子一吹，车子开得一溜烟。

被推的人当然非常气愤，心里气愤的人，一定有许多意见要说。刘保成可能就是在这种情形下把论说文写"通"的。

事后打听，这猜测很接近事实。事实跟猜测只有一丁点儿差别，被车掌从门口推下来的，不是刘保成，是金善葆，而刘保成在旁边看见这一切：金善葆跌在地上，满身泥水，哭不出来,这可气坏了刘保成。倘若他是中世纪的骑士,他早已跃马挺矛往汽车冲去。二十世纪的刘保成,只能写一封信到汽车公司去"讲理"。

这件事提醒了杨先生:写论说文也需要感情。起初,为了使学生分别认识抒情文的腔调和论说文的句法,他曾经教他们使用自己的理智,理智的训练有了基础,应该再回到感情。

抒情文也好,论说文也好,都是胸中感情的出口,有人适合用这一个出口,有人适合用另一个出口,也有人两个出口都可以随意使用。他的论说文作法,正是替学生开凿疏浚其中的一个出口,出口打通了,挖深了,修直了,接上那源头活水。学生在作文课堂上接通源头活水,有好成绩;在升学考试的考试场接通源头活水,是好福气。所以考场上有个名词:考运。

如果刘保成在考场上打开试卷一看,作文题目是"怎样提高车掌的服务精神",源头活水立即汹涌待发,那就是他的考运好。可是别的考生怎样处理这个题目呢?如果他既没有被车掌推过,也没有看见别人被车掌推过。如果刘保成碰到的题目不是"怎样提高车掌的服务精神",而是"论科学教育的重要性",又怎么办呢?

二

"怎么办呢?"

杨先生在课堂上做出搔首踟蹰的样子。

"你面对一个作文题,觉得它太枯燥,觉得没有什么可说的,你不想写,懒得写,而又非写不可。怎么办呢?这时候你得提醒自己:我对这个题目没有情感,我得培养一点情感。"

"你对车掌本来没有意见,等你被车掌推下车来,立刻产生很多意见。你对门外卖冰的小贩本来没有意见,等你吃冰得了肠炎,立刻产生很多意见。你对邻居听收音机本来没有意见,等他开收音机吵得你不能睡觉,你立刻有了意见。为什么呢?因为它们逼你,逼出你的情感,也逼出你的意见,你不能不说话。"

"你本来没有被车掌推下车来,可是,在写《怎样提高车掌的服务精神》之前,你可以假设有一个车掌把谁推下车来，你仿佛见了那情景。你本来没有得肠炎，可是，在写《夏令的饮食卫生》之前，你可以假设有个卖冰的小贩正在传布病菌。你在写《论科学教育的重要性》之前，先假想一个场面：没有电灯，生了病去求神仙吃香灰，不知道五十里路以外发生的事，而人家的喷射机整天在咱们头上飞。如果你能这样想，你就会产生情感，有了情感，你就想说话。"

"军事演习有所谓假想敌。前面明明没有敌人，可是演习的时候假设前面有敌人。演习本来是假的，大家可能提不起劲来，所以要用假想敌来刺激大家的情感，使人人有敌忾心。"

"写论说文，有时候也可以先树立一个假想敌。"渔人可以不救贾人吗？"如果你的主张是该救，那么你假设你面前有一个人，他的主张是不救，你不赞成他的主张，非和他辩论不可。"为什么要读书？"如果这是一个作文题目，你在写它之前，先对着它看，看，看，直到看出一个糊涂的爸爸，宁可叫他的儿子去放牛，也不肯叫他的儿子入学，你同情他，也同情他的孩子，你觉得非把读书的好处说出来不可。如果你能这样想，你就想说话、想写文章。"

停了一下，杨先生问："本校是男女合班的，你们认为男女合班好，还是分班好？"

"合班好！"男生说。

"分班好！"女生一齐喊。

"你们赞成合班的人，已经有了假想敌；你们赞成分班的人，也有了假想敌。我也当然就有了作文题目：《谈男女合班》。"

杨先生把题目写在黑板上，回到办公室里去喝茶。过了一会儿，胡主任由外面进来，对杨先生说："这一学期，预定要替学生安排一次辩论会，一直没想出辩论的题目来。理想中的题目要有趣味，跟学生的生活有切身的关系，还要能够不产生副作用。刚才我经过教室门口，看见老兄出的作文题，觉得很合乎我的要求，咱们就拿它做辩论题目好不好？"

杨先生说："当然好……可是谁跟谁辩论呢？"

"咱们也不必麻烦别人，就让我那一班学生跟你那班学生对辩，你看怎么样？"

"我听你安排。"

"一言为定，我去报告校长。"

胡主任走后，杨先生独自思量辩论会的事。这件事恰可配合他讲的"假想敌"，使他非常高兴。他记得，参加辩论会的双方都要派出六个选手，其中一个人担任主辩，一个人负责结论，其余四个人担任副辩。选手最好有男生也有女生，刘保成、吕竹年、古仁风、金善葆、赵华、龚玫都可以参加。在这种场合，最可惜的是吴强，他本来可以做得很好，如果他没有口吃的毛病。他得想一个特别的工作给吴强做，安慰吴强的失望，使吴强也能发挥力量。

想着想着，胡主任又进来了，他显然对这个辩论会很有兴趣。他说："校长完全同意了。"他坐在杨先生对面，谈举行的日期，谈怎样抽签决定哪一方代表正面、哪一方代表反面，谈聘请哪些人做评判员，谈评分的项目和给奖的办法。胡主任说："为了提高大家的兴趣，我们多设几个奖，不妨有最佳声调奖、最佳仪态奖、最佳意见奖，再加上一个最佳机智奖。这些奖颁给个人，另外再设一个奖颁给表现最佳的团队。"这是个好主意。

抽签的结果，杨先生这一班担任正面，负责维护男女合班的制度。任务既明，立即筹备。

杨先生把吴强带到宿舍里来，对他说："在这次辩论会里,有一个最重要的工作由你来做。最重要最重要的工作者,并不是登台表演的人,虽然赢得喝彩声的是他们。任何一种表演,都靠一批幕后工作者来支持,没有幕后的支持,表演就要失败。拿电影来说,观众所爱戴的是明星,可是没有编剧,没有导演,没有人管灯光布景,没有人设计服装,没有人作曲配乐,明星怎会有四射的光芒?这些幕后工作的人,观众不能直接看见他们,但是可以从明星身上间接看见他们。观众为明星喝彩,同时也就是为幕后的工作人员喝彩。一个够格的幕后工作者,他听见了前台的喝彩声,一样觉得高兴。不是每个人都能在前台表演,也不是每个人都能做幕后的支柱,这是两种不同的才干。这两种才干能发挥,能合作,可以把事情办好,皆大欢喜。我们这次参加辩论会,前台的人容易找,幕后的人才不容易找,只有你可以担任,你来尝尝幕后工作的甘苦。如果你能发现幕后工作的快乐,将来你到社会上去,我就放心了。"

说到这里,杨先生指着那一叠作文簿。

"这是今天的作文。你把大家的文章统统看一遍,把他们赞成男女合班的理由一条一条列出来,把他们反对男女合班的理由也一条一条列出来。等你整理妥当,我们油印若干份,发给出台辩论的人,叫他们好好准备。"

吴强做好了这份搜集资料的工作,杨先生又把六个选手找来,面授机宜:"我们赞成男女合班,至少有五个理由。这五个理由,你们牢牢记住,到该用的时候拿出来用。别人反对男女合班,至少也有五个理由,这五个反面的理由,是我们的五个假想敌,你们好好地想想,怎样打倒这五个敌人。"

此外,杨先生又讲了一些关于声调、仪态和使用麦克风应该注意的地方。

三

辩论会举行的这天,训导处用大幅红纸贴出预告,全校的男女学生都兴奋极了,只见双方对垒的阵容是:

正方　主辩　　　　龚玫
　　　第一副辩　　刘保成

	第二副辩	金善葆
	第三副辩	赵华
	第四副辩	古仁风
	结论	吕竹年
反方	主辩	张天泰
	第一副辩	褚子河
	第二副辩	王玉英
	第三副辩	吕杰
	第四副辩	朱莲时
	结论	匡菱

钟声一响,全校学生鱼贯入场,台上椅子一字儿排开,坐着十二位选手,台前椅子一字儿排开,坐着六位评判委员。开会如仪后,校长首先说明举行辩论会的用意,教务主任接着报告辩论的程序和评分办法,然后反方主辩张天泰上场,他的态度很从容:

"校长,各位评判员,各位老师,各位同学。在这次辩论会里面,我们的主张是反面的,那也就是说,我们不赞成男女合班。等一会儿,我们会一个一个把理由说出来。

辩论会　179

在我看来，男女合班最大的缺点，就是不公平、不平等。在劳作的时候，凡是吃力的工作、冒险的工作，总是由男生担任。轻细的、安全的工作，总是由女生担任。男生犯了错，老师的责罚总是比较重；女生犯了错，所受的责罚很轻。这种不平等的现象，我认为是不好的。我主张男女分班。"

他的话赢得一片掌声。大家一面鼓掌，一面替正方的主辩龚玫担心，不知道她能不能应付这凶猛的攻势。龚玫站在台上，脸色苍白，不过说话的声音很响亮：

"校长，各位评判委员，各位老师，各位同学。我代表正方第一个发言，我们赞成男女合班。我们也有很多理由，等一会儿，我们也要一个一个把理由说出来。"说到这里，她转身朝着反面的主辩张天泰看了一眼，这一眼，好像有一股压制对方的力量，于是台下鼓起掌来了。

等掌声停了，她继续说："照我的看法，男女应该分工合作。男同学力气大，可以抬便当；女同学力气小，可以扫地，没有什么不平等。出墙报的时候，男生写字，女生描花边，也没有什么不公平。这是各人用各人的长处。派女同学去抬便当，我们固然抬不动，派男同学描花边，他们也描不惯。女生犯了错，老师只要轻轻骂几句就可以了,因为女生胆子小;男生犯了错,非重处罚不可,因为男生本来脸皮厚……"

台下大笑,而且鼓掌,声音相当嘈杂。龚玫本该停顿一下,等同学们嘈杂的声音静下去再说话,可是她心里一慌,赶快把最后几句话说出来,回到座位上去了。最后那几句话,大家都没听清楚。

反方第一副辩褚子河出场了:

"刚才龚同学说,男女合班可以分工合作,我的看法完全相反。男女一合班,男生跟男生就要打架,为什么呢?男生要在女生面前做英雄。我们的训导处有记录,这学期自从开学以来,有过十六次打架的纠纷了,这都是男女合班造成的。各位同学,请您想想,这还能合作吗?"

台下一面喊"对!对!"一面鼓掌。

刘保成不慌不忙地上场:

"褚子河同学举出统计数字来作证,我很佩服。可是他不知道,我也有统计数字。咱们这里,一共有两家中学,那一家中学的训导主任,是我爸爸。"

台下大笑。

不顾台下的笑声,刘保成大声说:"我爸爸说,这学期,他们学校的学生打架,打过二十多次了。可是他们一个女生也没有,他们是和尚学校。"

台下又大笑。

刘保成说:"你们应该相信他的话,我爸爸是权威!"

这回连老师也都笑了。刘保成觉得很窘,赶快逃回座位上去了。本来准备了一点资料,证明女生能维持和平,也来不及说了。接着上来王玉英:

"在开班会的时候,我做过主席。男女合班开班会,简直困难极了。男同学提出来的意见,女同学要反对,女同学提的案子,男同学又要把它否决,吵来吵去,很难有结论。如果班上全是男生,或全是女生,就不会有这种情形。"

王玉英的话很平实,台下没有笑,也没有闹。金善葆一开口,可就不然了:

"王玉英同学的话,我不能不承认她是对的。"

台下有一部分同学鼓掌,笑。

"我提过好几个案子,都给男生否决了。"

台下大部分同学都笑了,正方这一组的同学很着急:金善葆怎么啦? 忘记自己的立场了?

"可是男同学也有功劳,他能够保护我们。有男生保护,女生在外面才不会受人家欺侮。如果不合班,叫我们哪里去找男生保护呢?"

这话掀起兴奋的高潮,可是也给对方一个反击的机会。吕杰说:

"一个男生,在学校外面天天保护一个女生,我看不是好事情。这太危险了,男女合班,实在是一件危险的事情。我看还是分开好!"

主辩、副辩挨次发言完毕,反方那一组的匡菱先站起来作结论:"各位老师,各位同学,我们的意见都说出来了,在我看来,这些意见很充实,理由很充足,确实证明男女合班不好。怪不得中国自古以来都是男女分开读书的,不是男女在一起读书的。……"

听到这里,杨老师暗暗叫一声"不好"!他的学生事先搜集资料找假想敌,没有"自古以来男女分班"这一条,对方在最后忽然提出这话,不知道吕竹年怎样答复?

看不出吕竹年有这么一手:

"我的结论是:男女应该合班。刚才匡同学说,中国自古以来男女分班,她的话不对。中国在一千多年以前已经实行男女合班,两个合班的学生是梁山伯和祝英台!"

说完,他满不在乎地鞠了一个躬,退回座位上去了。全场开心,鼓掌也热烈极了。《梁山伯和祝英台》是当时正要上演的一部影片,吕竹年信手拈来,得到"最佳机智奖"。

电视机

一

一阵倾盆大雨,把学校里的朗朗书声都压下去了。雨过,学校里显得很寂静。这时,忽然一辆摩托车冲进校院,"扑扑"地放着废气,驾车人裹在安全帽、风镜、夹克和西裤里,是个生气蓬勃、横冲直撞的小伙子。厨师老李养的一条黄狗大吃一惊,跟在车后面追赶、跳跃,大声呼叫。楼上楼下,朝校院这一面的窗子都打开了。仅仅一分钟,这青年和他的车,使学校有了闹市的气氛。

校长看见这辆车,走出来喝问:"你是什么人?下来!下来!"可是车一直冲到校长面前,这人才刹车,除下安全帽和风镜,坐在车上向校长行了个俯身礼。

"你呀!你这孩子,愈大愈没规矩。"校长看清楚是什么人了。"你要是压死一只蚂蚁,我叫你爸爸打你。"

"没关系,我爸从来不打我。"说这话的时候,这人已经由车上跳下来,跟在校长后面走进校长室。这是上午发生的事。中午,在餐桌上,校长谈起他的这个"宝贝世侄":

"他的家境很好,但是不肯读书,能考上大学,全靠运气。学校里叫他写论文,题目是《电视机对少年的影响》,先要抽样调查找数据,这个懒鬼,想起我来了,来到这里又是作揖又是鞠躬。真是宝贝!"

"抽样调查"是研究者从电视观众里面选出一些人来做代表,每人发给一张表,请他们回答上面的问题,研究者从大家的答案里面找出他需要的东西来。"抽样"是一件很麻烦的事,"宝贝世侄"取巧,他想把调查表交给校长,校长发给每个学生,这些学生有男有女,家长的教育程度有高有低,经济状况有穷有富,信仰有佛教有基督教,职业有农工商学兵,正好是现成的抽样。

"校长答应他了吗?"杨先生问。

"没有。"

"拒绝了吗?"

"也没有。"

"我看,校长可以答应他。"杨先生慢慢地说:"这对咱们的学生有点好处。胡主任和我,都在教学生写论说文,像抽样调查这样的方法,虽然他们还用不着,可是让他们现在知道有这么一种方法也不坏。胡主任的意见怎么样?"

胡主任说:"很好!如果校长同意,你教的两班学生和我教的一班,都可以参加。"大家都看着校长。校长说:"照你们说,公私两全。我跟他爸爸,二十五年的老朋友了。这孩子真有点好运气!"

饭后,杨老师和胡主任商量了一下,决定约校长的"宝贝世侄"来谈谈,接受他的调查表。把三班学生集合起来,由杨先生讲述填表的用意。

二

杨先生是这样说的:

各位同学：你们也许觉得奇怪，为什么发给我们一张表呢？为什么表上有这么多问题，让你们勾选答案呢？填表是小事，我们的用意，是要借这个机会，谈一谈论说文。请你们暂时把这张表忘了，把论说文的事情想起来。

不久以前，我看到某一位同学写的文章，他说电视机是一种有害的东西。他举出很多证据，比方说，左面的邻居开电视机，右面的邻居也开电视机，声音很吵，吵得他不能做功课。他举出来的证据，当然也是事实，但是，电视机有好处没有？谁把戏剧送到我们家里？谁能让我们亲眼看见远方发生了跟你我切身有关的事情？这么说，电视机就不能说是完全有害的东西了。

有一位同学，他写文章批评汽车，他说汽车是魔鬼，为什么呢？汽车常常撞死人。他的话也是事实，据台湾交通机关发布的数字，去年一年在车祸里面死的、伤的超过四千人。四千多，这个数目不小，比咱们学校里的人要多好几倍。如果有一种野兽、有一种妖怪，把咱们全学校的人统统吃了，社会当然不能容许这怪物存在。可是，如果没有汽车，谁送成千成万的学生上学呢？谁送成千成万的学生回家呢？东部产的水果要运到西部，南方产的稻米要运到北方，都要用土车走一步推一步，我们到野柳去玩要步行几个钟头，多辛苦？多不方便？这么说，汽车就不只是魔鬼。

再进一步想，如果我们的邻居自爱一点，把电视机的声音开得小一点，我们的房子大一点，墙壁厚一点，我们不是就可以温习功课了吗？如果开车的人小心一点，走路的人规矩一点，一年也就不一定要死伤那么多人。电视机、汽车，有害处也有益处，它的害处小，益处大；它的害处是可以避免的，它的益处是别的东西难以代替的。这种说法，才比较公道。

说到这里，我们又看出抒情文和论说文的一个差别。写抒情文，你可以说电视机是害人精，你可以把汽车写成妖魔，这表示你自己很不喜欢电视机或汽车，你写的是自己的情感，不是对汽车对电视机的价值判断。如果写论说文，你说电视机、汽车是害人精，是妖魔，只提它的害处，不提它的益处，那就是偏见，不公道。写论说文是下判断，判断对与错、是与非，应该公道。当然，公道谈何容易，退一步说，你应该尽可能地去除偏见，接近公道。

偏见这种东西，可能人人都有，而且很难去掉。最近，有一位思想家去世了，报纸用很大的篇幅登他的言行。据说，他在生前说过这样的话，他说："如果老百姓跟做官的打官司，我帮老百姓；如果学生跟老师打官司，我帮学生；如果儿子跟父亲打官司，我帮儿子。"我看了这段话，觉得很惊讶：老百姓跟做官的打官司的时候，我们不研究一下老百姓有理没理，就决定帮老百姓吗？儿子跟父亲打官司的时候，我们不研究一下父亲有理没理，就决定他该输吗？认为老百姓都是对的，做官的都是错的，或者认为工人都是对的，资本家都是错的，我们只好说，这是偏见。当然，认为做官的都是对的，资本家都是对的，也是偏见。偏见，是许多条件慢慢养成的，有偏见的人自己往往觉不出来，他认为他说的是良心话，错不了，可是偏见往往就从所谓良心里跑出来。所以我们说，江山好移，偏见难改。

（工友送来一杯温开水。杨先生喝了一大口："这杯开水真好喝呀！"接着他声明：这是抒情文。同学们"吃吃"地笑。杨先生说："渴者易为饮，人在口渴的时候，觉得开水的滋味特别好：这是论说文。如果我说，在一切饮料中，白开水的滋味最好，这大概就是偏见了。"）

——学者专家给偏见分了类，种族的偏见，有些白种人排斥黑人，不愿意跟黑人共事，不愿意跟黑人做邻居。地方上发生犯罪的案件，先假定是黑人干的。在种族偏见下，纳粹德国屠杀了几百万犹太人。还有职业上的偏见。走路的人总觉得司机开着车子乱撞，司机总觉得行人不守交通规则。警察认为百姓很难守法，百姓认为警察很难廉洁。在某些人眼里，教书匠都是穷酸，新闻记者都油腔滑调吃十方。十个病人有九个骂护士小姐服务态度不好，而十个护士有九个埋怨病人难伺候。

（说到这里，后排有几个学生唧唧喳喳谈天，杨先生停下来，敲敲桌子："我的偏见来了，我认为，在我讲话的时候，你在下面谈天，你的品行一定不好。这是我的偏见。"前排的学生都笑起来。）

杨先生继续说：还有，地域的偏见。在这地球上，某些欧洲人看不起美洲人；在美国，多少北方人看不起南方人。中国人的地域偏见也很普遍，你们总有机会听人家说，上海人做生意不诚实，广东人喜欢打架。有人说，山东人厉害，山东人追女朋友追不上，他会杀人。也有人说，湖南小姐厉害，湖南小姐爱你，你不爱她，她会自杀。这些话很成问题，可是有很多人相信。"台湾水，向西流，花不香，鸟不鸣，男无义，女无情。"今天我们在台湾，知道这话是假的，可是，如果我们住在新疆，难保不当成真的！

（说到这里，杨先生欲言又止，欲止又言。）对于地域偏见，我个人有亲身体验。抗战的时候，我到四川，四川人说我是下江人，意思是长江下游来的人，他们看不起这地方的人。我告诉他们，我从黄河流域来，不从长江下游来，可是没有用，你还是下江人。抗战胜利了，我到了南京，南京人跟我叫重庆客，重庆来的，他们不相信你，用另一种眼光看你。我对他们说，我在重庆的时候，他们说我是下江人，为"下江人"三个字受了不少委屈，现在我来到长江下游来了，彼此都是下江人啊！可是没有用，你仍然是重庆客。我先是下江人，后是重庆客，最后来到台湾，变成大陆人。将来有一天，我回到中国大陆，我恐怕又成了台湾人。你看哪！这真是一部很好的小说！

（杨先生的声音有一点感伤，全场肃然。他拿过茶杯来猛喝一口，再说下去。）

——我说了这么多的话，用意只有一点，那就是，人是很容易有偏见的，人对他的偏见常常坚强地加以护卫。人既然是这样一种动物，那么，我们写论说文的"人"，实在不能不有一种警觉：我是不是在写自己的偏见？你们现在也许还不觉得这个问题重要，在你们，重要的问题是作文怎样能得甲上，能得九十分，升学怎样考取理想的学校。这个阶段很快就会过去，将来你们会发觉，写一篇流畅的文章或者写一篇锋利的文章，都不太难，难的是，你是不是把偏见排除了？胡主任和我，都希望早早把这个观念灌输给你们。

现在，政治大学有一个学生，他想写一篇论文，题目是《电视机对少年人的影响》。他们学术界有一个办法，"抽样调查"，你要从观众里面找出代表来，你访问这些代表，搜集他们的意见。观众可能有地域偏见，你既要找住在都市里的人，也要找住在乡村里的人，既要找本省籍的人，也要找外省籍的人。观众可能有职业偏见，你要找商人、农人、军人、工人。经济收入也可能造成偏见，你要找高收入的人、低收入的人、找不到职业没有收入的人。教育程度也可能形成偏见，你要找大学毕业的人、中学毕业的人、小学毕业的人，你也许应该去找不识字的人。信仰也可能形成偏见，你还要看看你的抽样里头有多少人信教，信什么教，有多少人什么教也不信。你找各式各样的少年人，听众人的意见，就可以避免偏见，或者减少偏见。

现在，各位同学就是"抽样"，你们参加过这样一次调查，以后不要忘了：偏见！

三

调查表收齐以后，胡主任和杨先生选拔几个学生组织了一个小组，来整理其中的材料，工作分配的情形是：

> 金善葆：电视机的诱惑力。
> 吴强：电视机的坏处。
> 古仁风：电视机的好处。
> 龚玫：对电视节目的希望。

材料整理出来以后，原表给了校长的"宝贝世侄"。胡主任和杨先生，则指导自己的学生写成一篇文章。他们把文章交给《电视杂志》发表，每人赠送一本杂志，增加兴趣，唤起注意。

那篇文章共分四段，全文是：

电视机的诱惑力

在我们的学校里，许多同学在接受调查时表示，当电视机进家的那天，他非常兴奋。这是一件大事，他留下了非常深刻的印象。

在家中没有电视机以前，这些孩子对于看电视节目一直心向往之。当初他们家中没有电视机，邻家有。每天晚上，邻家的电视机一响，他的小妹妹就跑过去了，很晚才回来，回来以后指手画脚地说个不停，把她由电视机里看来的东西讲给哥哥姊姊听。一个学生说：他家住在大杂院里，有一年夏天，他吃过晚饭，就搬凳子坐在大院里，手里捧着书本，像是温习功课，其实是远瞄邻家客厅里的电视画面。

有些学生年纪小，家有一台电视机不算什么，他记得邻家客厅里有一架大电视机，会客的时候看，卧房里有一台小电视机，临睡觉的时候看，书房里还有一台更小的电视机。孩子长大了，大人爱看的节目他不爱，又给孩子单独买一台，那才惹人羡慕。

"你希望有一台电视机吗?"百分之百希望有一台。看这些学生回答的问卷,电视机对孩子们的诱惑力非常强烈,很多家省吃俭用买电视机,为了让孩子们快乐。在一条巷子里,大部分人家有了电视机以后,就会对没有电视机的人家产生很大的压力。

电视机的好处

这些学生,提到电视机的功用,大有"电视机的好处说不完"之势。看他们(也许是他们的家长)在"附言"栏内写了些什么:"这东西的面貌很呆板,可是肚子里的节目真活泼。""从前是秀才不出门,能知天下事,今天是观众不出门,能知天下事。""它(指电视机)忽然是个丑角,忽然是一位教师,一会儿变成饱经世故的老江湖,一会儿又成了天真无邪的天使。真有趣!""它是一部百科全书。"还有人说,电视展示的生活高出一般大众的生活,所以电视能"提高生活水平"。

看问卷中勾选的答案,知道:"电视机普及以后,社会不再单调枯燥了。"(占百分之五十一。)"一个家庭,一旦有了一台电视机,全家都会更快乐。"(占百分之七十三。)"电视开发儿童的智力和才能,牙牙学语的小妹妹,也跟着电视机及早学会说话唱歌。"(占百分之八十八。)电视会不会教孩子学坏?有人说可能,有人说不会,"孩子天天在马路上玩,准会变成野孩子,可是后来她待在家里不出来了,家里买了电视机"。也就是说,马路边比电视机前面更危险。(百分之十七。)

每一类节目都可以在这里看出效用来。有人从这里知道国内外大事(百分之六十);有人从这里得到许多课外知识,"以免将来到社会上去太幼稚"(百分之二十五);有人从这里接触了许多文艺作品(百分之二十八);有人从这里学英文(百分之七);有人从这里得到作文和写周记的材料(百分之三十五);有人从这里学会做菜(百分之四)。

电视机的坏处

百分之三十左右的人,认为看电视太费时间,妨碍功课。

百分之五左右的人,认为电视机破坏了家庭的和平安静。

百分之六十左右的人痛心噪音。

百分之七十左右的人认为电视破坏了俭朴的风气，鼓励浮华虚荣。

在"附言"栏内，孩子们针对节目有一套意见。百分之十左右的人认为有些节目是"下流的、有害的"，他们有人在电视节目中学会骂人，电视机里有许多"粗野蛮横之事"，有人对连续剧中犯规越矩的行为产生英雄崇拜。百分之十左右的人攻击流行歌曲，有的说，这种歌"听得多了，就变成歌舞女郎"。

有些留言的人表明自己是家长，百分之十五左右的人明确指出，他们喜欢看电视，却不喜欢孩子看电视。有一个学生，在年纪幼小的时候见了电视机就害怕，那个怪物居然会说话！现在，她长大了，轮到她的母亲怕电视机了。还有人说，他家中没有电视机，"电视机会把孩子教坏了"。"里面有很多怪事怪语"，他家由父母替孩子买录像的光盘音带。

对电视的期望

调查表在家长的协助下写，很多项目反映了家长的态度。百分之七十以上的人认为,电视节目的水平还可以提高,尤其是艺术水平和道德水平。百分之三十几的人指出,电视台太多了,大家互相竞争,施出许多怪招,节目对社会有利有害也就顾不得了。这些人希望电视台能减少。

家长们虽然对电视节目不尽满意,但是仍有百分之六十以上的人希望子女能进电视公司服务,只有百分之十左右的人表示另有更好的选择。

四

最后,杨先生和胡主任又私下闲谈了很久。

他俩发现,经济收入比较低的人,认为电视破坏俭朴的风气;经济收入比较高的人,认为电视提高生活水平,这实在是一件事情的两面。电视教人怎么吃,怎么穿,怎么化妆,怎么旅行,有钱的人认为理所当然,蓬门茅屋就难以安居了。但是蓬门茅屋改建花园公寓,也是社会发展的方向,可以说,"破坏俭朴的风气"和"提高生活水平"

并没有完全错误，只是各有所偏。再看，有宗教信仰的人，认为电视教坏了孩子，这些家庭有很多清规戒律，行为比较保守，总是想抵御社会潮流的冲击；不信教的人，认为电视启迪孩子的智力，这些家庭顾虑比较少，看见社会潮流来了，希望孩子迎上去。这也是一件事情，两个角度，都言之成理，都各有所偏。

经过这次抽样调查，他俩发现偏见的形成还有一个因素，就是个人切身的利害。晴天好还是下雨好？"卖菜哥哥要下雨，采桑娘子要晴天"。乡下人挑着一担青菜进城卖，若是下一点小雨淋在菜叶上，显得又绿又嫩，卖相特别好看，过秤的时候，菜也多一点分量，多一点收入，他说雨天比晴天好。太太小姐们到野外采桑喂蚕，两臂高举，仰脸看天，若是遇雨，雨水沿着手臂流进袖管，雨滴也打得她睁不开眼。回家以后还得把桑叶上的雨水擦干才可以给蚕吃，要不然，蚕吃了雨水会得痢疾，她说晴天比雨天好。如果两个人的工作调换了，卖菜哥哥去采桑，采桑娘子去卖菜，两个人的意见也马上调换过来。

就说汽车司机吧，手握方向盘的人总觉得行人不守交通规则，走路的姿态也可笑，路上的行人也太多，他忘了路本来是给人走的。行人总觉得司机很傲慢也很粗心，需要受更多的训练。万一出了车祸，行人说是司机的责任，没有减速慢行；司机说是车主的责任，车辆该修不修，该换的零件没换；车主说是政府的责任，该拓宽的地方没拓宽，该装红灯的地方没装，该竖标志牌的地方没竖。人人各有所偏，你把所有的偏见搜集起来合成一个"全"。这就是抽样调查想做的事情。

原子笔、毛笔

一

杨老师到补习班兼课,参与他们的"考前猜题",知道今年作文题的命题倾向。没多久,各中学都听到了这个传说。

下课后,杨先生在办公室里洗手上的粉笔灰,听见后面有人喊:老师!

是刘保成。他手里拿着一张纸,纸上写着"己与群"三个大字。他问:"老师,这个作文题目怎么做?"这是从某某中学传出来的猜题。杨老师说:"这个题目,是要我们同时讨论两个观念,一个是个人观念,一个是团体观念。

这两个观念是相反的，同时又是相成的。只顾个人，削减了团体的力量；只顾团体，又可能抹杀个人的自尊，这是相反。可是个人组成团体，团体保障个人，没有个人，哪有团体？没有团体，个人的才智也许不能发挥，显不出个人的价值。写这一类的题目，拿两者加以比较，说明它们的关系，就可以做一篇像样的文章。"

刘保成鞠躬而去。

晚间，二、三楼教室灯火通明，三年级学生都在埋头自习，站在楼下向上看，看不见半个人影。杨老师踱上楼去，欣赏高足们勤勉奋发的镜头。吕竹年跑到他身边，悄悄递上一个字条，低声问："老师，这个题目我不会做。"杨老师一看，字条上写的是"尽忠与尽孝"，这是从另一家中学传出来的猜题。他也低声答道："这个题目，是要我们同时讨论两个观念，这两个观念，相反而又相成。做子女的要尽孝，必须随时侍奉父母；可是，一个青年要尽忠，往往需要离开父母。不过孝字的意义很广，为国家民族出力，也是尽孝，叫作为民族尽大孝，这样，忠孝又是两全的了。写这样的题目，拿两个观念互相比较一下，再说明二者的关系，就可以写一篇及格的文章。"

第二天中午，金善葆、赵华等人吃完了便当，到教员休息室里来问杨先生："老师，你说劳心好还是劳力好？"

"这很难说。"杨先生说，"有一家百货公司的大老板，天天为生意操心，夜夜失眠，床头放一瓶安眠药，非吃安眠药不能睡觉。后来，生意失败，公司倒闭了，他猛吃安眠药，吃了半瓶，就从此长眠不醒了。他住的那条巷子，巷口有个三轮车夫，白天蹬三轮出一身汗，晚上吹吹风拉拉胡琴，上床呼呼大睡。这两个人，一个劳心，一个劳力，哪个好？"

"劳力好。"学生说。

"另外有一个人，在好几家报馆做主笔，每天下午，报馆派工友到他家里取文章。有时候，两家报馆的工友一齐来到，他的文章还没有写好，工友站在门口等候，等取到文章，飞身骑上脚踏车，送回报馆去排字。主笔和工友，一个劳心，一个劳力，哪个好？"

大家又说："劳心好。"

"爱因斯坦是个劳心的人，天天坐在研究室里动脑筋，想出来很多方程式。二战的时候，他抄了一个方程式送给美国总统杜鲁门，杜鲁门把这个方程式交下去，很多工厂一齐忙,工程师和工人忙得团团转,忙出一种东西来,装在飞机上,投到日本去,日本就向盟军投降了。这个东西,就是有名的原子弹。这回你们想想看,写出方程式来的人劳心,动手做原子弹的人劳力。两种人都很重要,是不是?"

大家点头称是。

"你们怎么会想到这个问题?"杨先生反问。果然,这又是另一家中学的猜题。

二

下午,杨先生遇见胡主任,就把这个现象提出来。胡主任说:"现在学生对这个问题很有兴趣,我们倒也不妨利用这个机会,教他们写这种题目。趁这时候教,他们一定仔细听,事半功倍。"

"您看怎样着手?"

"按照学校的行事历,下星期要举行作文比赛,咱们就出一个题目,大家写论说文。您看哪个题目好?"

胡主任准备了很多题目,计有:

升学与就业

敦品与励学

健康与疾病

情感与理智

战争与和平

原子笔与毛笔

看到最后一个题目,杨老师喝彩,原子笔也叫圆珠笔,学生天天要用,毛笔呢,偶尔一用,但是比圆珠笔受尊敬,合而论之,学生可以发挥。两人这样商定,再经过校长核可,展开了有关的筹备工作。消息传出,学生纷纷猜题,有些学生说,这次题目一定是论说文,《中学生的本分》。何以见得?因为目前正在提倡每个人都要守分。中学生的本分是什么?当然是好好读书啊!另一个学生说,近来一直做论说文,实在做腻了,大概要换换口味啦,换什么题目呢?《雨天的忧郁》。这地方雨多,外面又在下雨。一个学生听到这个题目,接口说:"天天下雨,真烦死了,每天两只脚都是湿的,坐在教室里真难过。"另一个说:"可不是?我的雨衣旧了,该换新的了。"

"逢到雨天，我就想坐汽车。"一个女生说。

"坐汽车有什么好？人挤得满满的，每个人的雨衣都往下滴水。"她同伴提出相反的意见。

"你真笨，我是说，一个人坐小汽车。"

"哦，你想做阔人的姨太太。"

"什么话！小汽车里坐的都是姨太太？偏见，偏见！"

进了考场，打开卷纸，眼睁睁看着监考的先生在黑板上写字："原"，原因？原始？"原子笔"。原子笔的优点？原子笔的缺点？"原子笔与……"，原子笔与我？原子笔与时代？"原子笔与毛……"那么是原子笔与毛笔？不错，《原子笔与毛笔》。下面有括号：论说文。全场的学生如释重负，也有些人立刻又愁上眉尖。

评阅作文比赛的卷子，学校有一个类似"回避"的规定，那就是，教三年级的人，去看二年级的文章，教二年级的人去看三年级的文章。所以，杨老师不能马上看见自己的学生成绩如何。他所批阅的卷子里面，也有很好的文章，例如：

原子笔与毛笔

毛笔是我们原有的,原子笔是外来的;毛笔的历史很长,原子笔的历史很短;毛笔好像一位长袍马褂的老学究,原子笔像一位西装革履的留学生;毛笔的笔尖下吐出来的,大半是旧事物,像诗词歌赋;原子笔笔尖下吐出来的,大半是新事物,如声光化电。

毛笔,当秦人汉人制造它的时候,当然它也是一种年轻的工具。它的局面一直维持到清朝,钢笔才随着西方文明来到。二战结束后,原子笔后来居上。起初,原子笔占的空间很小,简直不能跟毛笔相比,毛笔有些瞧不起它,可是它的地盘扩充得很快,它已经把毛笔挤到一个很小的角落里去,甚至连钢笔也被挤走了。政府规定学生要上书法课写毛笔字,这是保存毛笔较有效的办法。否则,写毛笔字的人纷纷谢世,以后也许就没有几个人能拿起毛笔来了。

我们要两种笔都会用,贯通古今。

杨先生想:这篇文章很好!就在评分栏里画了九十分。

自己的工作完了,跑到另一组去打听自己的学生的成绩,阅卷的先生说:"快来!有好文章!"杨先生一看,字迹是吴强的:

  原子笔和毛笔本来可以并存不废,现在成了好像是互相排斥的样子。这是因为,学生都喜欢用原子笔,可是学校规定,作文课和书法课必须写毛笔字。学生在写毛笔字的时候,心里觉得很委屈,好像被人夺去了某种乐趣和权利。在学生的心目中,这才形成了原子笔、毛笔互相对抗的形势。

  原子笔是文明,毛笔是国粹;原子笔写字快,毛笔写字美;用原子笔有效率,用毛笔有修养。这两种工具应该可以在社会上共存。用毛笔来驱逐原子笔,当然是不可能的事;原子笔完全把毛笔淘汰了,也有点不可想象。书法是中国特有的艺术,要想完成这个艺术,只有用毛笔,所以,只要书法一道存在,毛笔就会存在。还有,毛笔字显得庄重、有气派,所以有些文件要用毛笔写,只要人们求庄重讲气派的心理存在,毛笔也会存在的。

  有人激烈地批评毛笔,说毛笔写字太不方便,这是事实。不过,"不方便"的东西不一定就会消灭。例如,听唱片多么方便,买票入场听音乐会很不方便,然而唱片是不是能代替音乐会呢?音乐家灌唱片的机会愈多,是不是公开演奏的机会就减少呢?并不。每天炒菜相当麻烦,开罐头十分简单,罐头代替烹饪的可能性,依然微乎其微。烹调、音乐会,尽管很麻烦,也不会被淘汰,它们靠另外的优点存在。毛笔的地位也是如此。

当然,存在并不一定普及。社会上写毛笔的人少,用原子笔的人多,也是正常的现象。对大多数用笔的人来说,快比美重要,方便比气派重要。写毛笔字要有几分悠然自得的心情才好,现在的人太忙了。拿学生来说,赶火车,抢篮球,跑百米,看电视,一天到晚呼吸迫促,心情匆匆,过这种生活,好像就该用原子笔这样的工具,忽然坐下来写毛笔字,太不调和了。

几个老师看了一致喝彩。有人怀疑:"不会是抄来的吧?这是谁的字?"杨先生说是吴强。阅卷的老师用保证的语气说:"这样一篇文章,吴强写得出来!"一位老师说:"一般学生,只能从一个角度看问题,吴强能从几个角度探讨,不偏不倚,了不起!"阅卷的先生说:"说到由一个角度看问题,这里倒有一篇,很值得看看。"

现在,外面是原子笔的天下,偏偏学校里面规定有些地方要用毛笔,以致在这个原子时代,太空时代,我们还是甩不掉这个古老的毛锥子。

用毛笔写字,最要命的是"慢"。今天做一个学生,功课太忙了,并没有多少时间可以浪费。用毛笔写字和用原子笔写字的速度,是一与五之比。写一个毛笔字所花的时间,用原子笔可以写五个字来。想想看,时间多么可惜。何况用毛笔写字,先要磨墨,磨墨这件事情实在乏味、辛苦、无聊。古人称砚台叫"砚田",真不错,磨墨的滋味,跟耕田差不多。

写毛笔字,第一个问题是"脏"。原子笔写出来清清楚楚,纸张依然洁白;毛笔呢,上书法课的时候,到处是墨,纸上是墨,桌上地上是墨,衣服上也是墨。墨甚至连空气也弄脏了,满教室都是那个气味。最伤脑筋的是弄脏衣服,因为洗衣服很麻烦。在理发厅里面,有人要把头发染黑,理发小姐就穿起一件黑衣服来调染料,以免把衣服弄脏。学生也该特别做一件黑衣服,在上书法课的时候穿,就像上体育课要换衣服一样。

毛笔这种工具,又脏又慢,将来一定会被原子笔淘汰。毛笔写字写不好的学生不要着急,等他入社会做事的时候,毛笔大概就淘汰完了。

大家看了,哈哈大笑。阅卷的老师问:"你这位高足真厉害,是谁?"杨先生说:"是龚玫。"一位老师说:"心直口快,咄咄逼人。"杨先生问:"有反对原子笔的吗?"阅卷人说:"有人反对原子笔,理由是,他买过好几支原子笔,都被扒手扒去了,毛笔绝对安全,还是用毛笔好。"大家笑了一阵,又抽出一份来看:

我爸爸说,毛笔比原子笔重要。

有人"扑哧"一笑,问:"怎么把爸爸抬出来了?"

毛笔写出字来,生龙活虎,所以,外国人也到中国来学毛笔字。毛笔写字没有原子笔快,可是,我爸爸说,这正是毛笔的优点，可以训练一个人细心谨慎，变化气质。爸爸说，写字应该自己磨墨，会磨墨的人能吃苦耐劳，克服困难。还有，毛笔能写大字，原子笔只能写很小的字。毛笔字写得好，原子笔才写得好。还有，我爸爸说，毛笔还可以进一步改良……

一位老师说："怎么尽是他爸爸的意见？究竟是他来参加作文比赛，还是他爸爸？"另一位老师说："父亲的内容，儿子的文字，父子合作。"杨先生说："我有一次对他们说，作论文可以引用权威的意见，当时举'爸爸说的'做例子，这孩子听进去没消化。""这孩子是谁？""刘保成啊！"

说着，厨师来请大家开饭，几位阅卷人连忙收拾起来，到饭厅去了。

三

各位阅卷人用两小时的时间开会，评定各年级的优胜者，每一年级取三名，三年级的前三名是：吴强、朱成城、李丹霞。

吴强得到第一名，杨先生很感欣慰。这好像是对谁有了交代一般。班上有些学生，一向以为杨先生偏爱吴强，现在经过公平的竞争，证明吴强确有过人之处。另外两个得奖的学生，朱成城和李丹霞，杨先生没有教过，印象十分模糊。他想："我要仔细看看这两个学生。"

名次评定，接着讨论奖品。有人主张，第一名送原子笔，第二名送毛笔，第三名送铅笔。胡主任说："这样，好像我们是重原子笔轻毛笔的了？"于是有人提出修正意见，原子笔毛笔一起送，第一名得好原子笔和好毛笔，第二名得普通的原子笔和毛笔，第三名得不大好的原子笔和毛笔。

有人主张，在颁奖的时候，由得奖人讲一段"我怎样写论说文"。杨先生连忙说："这个设计很好，可惜有一个得奖人口吃得很厉害，讲不出话来。"别人也说："颁奖的时候，学生很兴奋，也不容易讲得有条理。"不过大家舍不得放弃这个构想，决定要得奖人把写论说文的心得写出来登在校刊上。

校刊临时赶出专号，杨先生注意朱成城的文章。这孩子下笔有条不紊,一副少年老成的腔调。他说,他很沉默,一向不大开口,大部分时间在听别人说话,他写论说文的秘诀,就在"听别人说话"。一般人说话,"抒情"很少很少,他们往往是在自己议论,张三怎样怎样对不起他,他为什么不喜欢李四;某一件事情弄糟了,为什么不是他的错,等等。朱成城举了一个例子,他说,他有一次听一个警察取缔一个摊贩,摊贩不服:

警察:你不能在这里摆摊,搬走!

摊贩:我不搬。我要吃饭,你也要吃饭,是吧?

警察:当然。你要吃饭,为什么一定要在这里摆摊?

摊贩:你要吃饭,为什么一定要在这里当警察?

警察:不是这样说。并不是我要干涉你,按照规定,这地方不能做生意。

摊贩:谁规定的?你找他来好了。

警察:你自己规定的。

摊贩:什么?我?

警察:现在是民主时代,法令是照民意制定的,你是民众一分子,所以也有你一份。

他从这些地方得到启示。他说,像原子笔和毛笔的问题,同学们不知道谈过多少次了,谈者无心,听者有意,里面有不少的好材料。杨先生看到这里,不禁叹一声,真有心人也。不过用这个办法作文,只宜谈跟生活有关的具体的问题,像《晴天与雨天》《原子笔与毛笔》之类,如果题目抽象一点,像《进化与革命》,就有些困难,因为一般人的日常谈话不大涉及这样的问题,"听"不到什么材料。

再看李丹霞写的。这个女孩子说,她并不喜欢论说文,可是爸爸强迫她阅读。爸爸各处搜集可读的文章,每天要她看一篇,除了有特殊的事故,未曾间断,到现在,她已经有三百多篇课外的补充教材,剪贴装订了两大本。这课外的功课还要继续下去。

"熟读唐诗三百首,不会作诗也会吟",有三百多篇论说文做底子,她渐渐有点意见了,看见普通的题目,不致没话可说。不过,她清楚地觉察,她的思想局限在很小的范围以内,这个范围,就是她所阅读过的东西,超过了范围,脑子里还是空白。所以,每逢作文的时候,她暗中祷告,希望作文题不在范围之外。她所用的办法,是传统的老法子,除了必须有恒以外,教材的选择是不是相宜,关系至为重大。看来，她有一个好爸爸。

最后看吴强的。吴强说，他当然读教科书，当然读模范文选，不过，得力最大的不是这些书，是小说！他本来是个小说迷，后来想写好论说文，觉得写论说文和读小说二者互相冲突。不久，这冲突得到调和，原来小说里面，到处都是论说文！这些论说是片段的、分散的，往往不容易被人发觉。他说：小说家写的论说文，真是第一流的。吴强从许多小说中熟记警句：

——爱情是一根血管连在两个人身上，一旦割断了，两个人都要失血而死。

——人在幸福的时候不去栽花，希望得到幸福的人才去栽花。

——人总是缺少自知之明，他们不知道什么人不如他们，什么人强过他们。

——在生活中，我们应该学习忍受失望。

——中国人能够保持他们的太平，但是在必要的时候，他们都不惜牺牲他们的太平。

看到吴强的意见,杨先生觉得惊喜。他觉得吴强的"发现"很有价值,就从书架上取下一部厚厚的《世界小说大观》来。

四

本来,小说对人生可以产生批判的作用。不过,这种批判,是通过故事。关于故事所能携带的批判力,杨先生在"讲故事"的时候业已说过了。现在,从吴强那里得到启发,杨先生注意到小说在文字表面,在章句间,对写论文的人所能产生的间接帮助。

打开《世界小说大观》,先看雨果的一篇《囚犯》。它描写一个囚犯,在狱中深受其他囚犯爱戴,引起牢头禁子的嫉妒。雨果说,牢头禁子对这个受爱戴的囚犯,"怀着秘密的、热烈的、不能和解的毒恨。这是法定的权威者对事实的权威者所怀的毒恨。是物质方面的威力对于精神方面的威力所怀的毒恨"。好句!

又看都德写的《磨坊老板的秘密》。在都德的家乡,本来有很多人开磨坊，开那种用风车做动力的老式磨坊，四面八方的人运了麦子来磨面。后来磨面的机器发明了，所有的老式磨坊纷纷倒闭，只有一家，科宜尔老爹，坚持继续营业。事实上他已经没有顾主上门，可是他故布疑阵，使风车继续转动。他这种固执的留恋感动了有麦要磨的人，他们继续支持他营业，只支持他一家。以后，科宜尔老爹去世，这座最后磨坊的磨帆才永远停止活动，老式磨坊这个行业才永远消失。"有什么办法呢？在这世界上，什么都有一个末日。我们应当相信，风磨的时代已经过去了，正如尼罗河上的平底船，古时候的贵族院，以及金线绣的衣服一样。"好句！

瑞典的一位作家说，在两国打仗的时候，一队敌兵冲进来，找民房住宿。有一个敌兵，受到一家百姓的殷勤款待。他想付一些报酬给老百姓，对方微笑着说："把钱袋收起来吧。私售食物给敌人，是犯卖国的罪，可是，施舍食物给饥饿的人，就是在打仗的时候，也不能算是错事。"这话不是在讲理吗？

日本的一位作家说，有一位夫人，很注重礼貌仪节，常常当面挑剔别人，很引人反感。有一次，她对别人说，喝咖啡的时候,不要把调匙碰得杯盘当当响,"那是女仆的行为"。对方说:"哼,一点也不错,女仆很忙,所以会敲响杯盘,夫人您整天闲着不做事,当然不会敲响杯盘。"这话不也是在讲理吗?

看起来,小说竟也是写论说文的教科书,而且是最生动的。

咖啡馆

杨先生讲书,讲到徐志摩的一篇文章。这篇文章歌颂大自然,批评都市文明,认为都市生活是病态的生活,只有大自然能给人健康和正常。杨先生说:"说真的,今天的大都市,到处是柏油,到处是水泥,到处是煤烟,把大自然完全排挤出去,连一点真正的泥土都看不到。所以,都市里面的人,只好在阳台上栽花,只好在公园里铺草,只好在咖啡馆里种树……"

杨先生听见下面"吃吃"的笑。他停住,望着一些狡猾的眼睛问:"有什么可笑的事情吗?"

"老师进过咖啡馆?"学生问。

"常常去。"

学生大笑起来。

"怎么?不可以去吗?"

"不可以!"

"为什么?"

"因为咖啡馆是坏地方。"

"哦!"杨先生明白了,"你们去过没有?"

"没有!"

"既然没去过,又怎知道它坏?"

下面答案凌乱了:听父母说的,听同学说的,在广播里听到的,从报纸上看到的……

"我也知道了。"杨先生装出恍然大悟的样子,"咖啡馆是正人君子不去的地方。"停顿了一下,他指着大家:"我是听你们说的。"

下午,杨先生上街买东西,看见一辆宣传车缓缓驶来,车身四周都竖着广告牌,写着"市议员候选人张心斋鞠躬""敬请惠赐一票"以及"为民服务不辞劳怨"之类的话。车前高悬着这位候选人的画像,扩音喇叭架在画像的顶上"哗啦哗啦"播送音乐。市议员的竞选,开始公开活动了!

宣传车愈走愈慢,在杨先生身旁停下来,音乐也停下来,换成一个女子的高声尖叫:"各位父老兄弟姊妹!市议员候选人张心斋,要跟诸位说话。"行人围拢过来,望着那个跟画像一模一样的人物,从画像后面出现。他对四周的听众作了几个揖,然后登高一步,像个铜像般地耸立在众人的头顶。车上有临时搭成的讲台。他到了台上,又向四周作揖。

"各位!"然后,他说,"兄弟张心斋,今天来对各位诉苦。兄弟承各位父老兄弟抬爱,出来竞选,不为名,不为利,为的是为地方服务。兄弟没有钱,没有势,也不会用阴谋,可是兄弟跟诸位一样,看不起钱,看不起势,也看不起阴谋。兄弟有的,是一颗心,兄弟相信诸位选民所要的,也是候选人的一颗心。现在,有一个有钱有势的人,用阴谋打击兄弟,他派了很多人散布流言,说兄弟病啦,病得要死啦,说兄弟半身不遂,说兄弟右手不能写字。诸位想一想,谁愿意选一个残废的人做议员呢?半身不遂的人还能为大家服务吗?所以,兄弟很受这种谣言的影响。可是,诸位!这是谣言。事实上,兄弟很健康,并没有半身不遂。我在这里打一段太极拳给诸位看。"

说着,这位候选人就在那个狭小的舞台上,像在空气里游泳一样,表演太极拳。观众看了,有的哈哈大笑,也有些观众非常同情这位候选人,"劈劈啪啪"鼓掌。

表演了几个姿势以后,这位候选人非常激动地说:"我是一个半身不遂的人吗?说谎的人多么卑鄙呀!他们还说我不能写字,现在——"他跳下讲台,下车,站在听众前面,两只手一齐往口袋里掏,左手掏出来一叠卡片,右手掏出来一支原子笔。他摆出来一个非常夸张的姿势,在卡片上签名,分送听众。有些学生一拥而上,每人抢了一张。哪里来的这些学生?杨先生一看,原来正是刘保成等一班孩子。他们还背着书包,看样子是放学回家,经过此地。

车走,人散,杨老师却把他的学生集合起来,数一数,一共十八人。

"来,我请你们喝汽水。"杨先生推开路旁的玻璃门。

这是一所多么漂亮的屋子呀!第一个感觉,它很大,比他们的教室大得多,漂亮的桌子和椅子,一簇一簇摆着,桌子上都插着花。对面的一堵墙,全部装着落地长窗,窗上装着巨大的玻璃,百叶窗帘光滑的叶片拉开了,因为有一个人伏在桌上写文章,需要更多的光线。十几棵龙柏在窗前一字排开,非常整齐。屋子里飘着柔细的音乐,显得非常静,比教堂还安静。蓦听得"忽拉"一声水响,原来房子里面有一座养鱼池,水很翠,里面有鱼,还有兰花的影子，鱼池上空悬着蝴蝶兰。

学生们轻轻地吸着麦管，东张西望，看屋子，看屋子里的人。老师轻轻地说："听见了吗？这是肖邦的曲子！旁边那个写文章的人，是小说家隐地。许多诗人常常到这里来讨论创作的问题。看！刚进来的这个人是空军英雄，报上有他的照片。后面进来的是他的太太、孩子。看见了吗？那边有人吃西瓜，好厉害的近视眼，六百度。你们读的教科书，是他编的。"又有人进来了，不止一个，七八个，有男有女，嘻嘻哈哈。什么也听不见了，除了他们嘻嘻哈哈。这是××大学的学生，他们也放学了……

喝完了汽水，杨老师问道："这个地方好不好？"学生们这才把骨碌骨碌的眼珠稳定下来，表示"好"。那么，"你们知道这是什么地方？"

不知道。

"这里是咖啡馆！"

"什么！不可能！"学生都吓了一跳。可是，出门看招牌，上面用英文大字写着"音乐·咖啡"。

"事实上，并不是所有的咖啡馆都坏。"杨老师说。

晚间，在补习班讲课，杨先生提到白天发生的事情。

他说:"我深深地感觉到,我们在评论是非以前,必须先把事实真相弄清楚。"

他说:"我们评论是非,说这个错,那个对,说这个该得奖励,那个该受责备,最要紧的是先弄清事实。如果对事实真相并不完全了解,你下的判断就可能是错的。两个人打架,你得先弄清楚他们为什么争吵,怎样由争吵演变成打架,谁先动手,然后才可以发表意见。否则,你说甲方错了,可能冤枉了甲方;你说乙方错了,可能冤枉了乙方。冤枉人家,就是制造不公平,我们不可以去制造不公平。"

"说到弄清事实,你们不要认为这是很容易的工作。你们都看过电影《罗生门》,这部电影是说,在荒僻的地方发生了命案,案发时,有三个人在场,法官就把三个人传来,讯问命案发生的经过情形。一问之下,三人说出来的大不相同,每个人都有私心,每个人描述事实经过的时候,都顾到怎样对自己有利。这个故事提醒我们,从别人口中所听来的事实未必靠得住。"

"既然耳闻是虚,那么眼见是实了吧?也不尽然。莫拉维亚在他的小说里面,描写一对新婚夫妇吵架,丈夫说，结婚那天请酒，咱们桌上坐了十三个人，太不吉利了。太太说，没有那回事！我数过的，只有十二个人。十三，十二，夫妇各执一词，由小吵变成大吵。岳母大人赶来调解，对他们说，那天席上既不是十二个人，也不是十三个人，事实上是十四个人，十二个成人外加两个孩子。当新郎计算人数的时候，有一个孩子钻到桌子底下去了，他看见十三个，当新娘计算人数的时候，两个孩子都钻到桌子底下去了，她看见十二个。这个故事提醒我们，即使是我们亲眼看见的事，我们的观察可能不够周密，以致所得到的印象不够正确。这种不正确反而最难纠正，因为'我亲眼看见的'，我们容易自负、自信。"

"我们现在发现了真正的困难。一方面，我们深深知道在下笔之前必须把事实真相弄清楚；另一方面，我们又深深知道，所谓真相大白并不容易。人生太复杂了，许多事情不像当众打太极拳来证明四肢灵便那样简单，弄清事实真相，往往要下许多工夫，用许多方法。"

"据我所知，社会上有三种人长于发掘事实真相。一种是新闻记者。他们采访新闻，接触各式各样的人，听各种真话和谎话，看各种真相和伪装，他得想办法把真正的事实弄清楚。还有一种是法官。法官问案,台下有原告,有被告,有原告的证人、律师,有被告的证人、律师,这些人,每个人都为了自己的利害发言,每个人都想影响法官,使法官相信他的话。法官必须想办法把真正的事实弄清楚。还有一种是历史家。史家根据史料,追寻历史的真相。史料的本身,有真的也有假的,有公正的也有偏私的,可是历史家能揭开古人对他的重重蒙蔽,重重欺骗,找到历史的真面目。"

"记者、法官、史家,这三种人受过特别的训练,能运用专门的方法。虽然如此,记者仍然可能报道错误,法官仍然可能造成冤狱,史家也不能完全避免误断。想想看,我们下笔论事,怎可不慎重,怎可不细心!……"

这些话是在补习班里讲的。第二天回到学校上课,杨先生又产生了一些意见。他劈头说:

"你们这一班,坏透了!"学生露出惊慌悲愤的样子。

"有人这么说。"杨先生接着补充。

有些学生笑了,有些学生反问:"谁说的?"

"不管谁说的,这句话对不对?"

"不对!"

"为什么不对?"学生提出各种答案。

"在我看来,这句话不对,因为它跟事实不符。这句话里面并没有事实,它里面只有感情,感情不等于事实!如果有人说,他的太太是世界上最好的女子,他这句话并不是在说明事实,而是在说明自己的感情。所谓'最好'往往是他最喜欢,所谓'最坏'往往是他最讨厌。最好最坏都是某一个人由感情产生的意见,所以意见不等于事实。人皆有死,这是事实,说人应该及时努力,或者应该及时行乐,那是由事实产生的两种意见。"

杨先生在黑板上写下:

张先生打李先生一耳光……………………………………事实

张先生侮辱李先生………………………………………………意见

张先生教训李先生………………………………………………意见

"我为什么说这些话呢?""是呀,您为什么说这些话呢?"学生暗想。"因为,对写论说文的人来说,事实太重要了,我们得把一件事情弄得清清楚楚,才可以下笔批评。为了把事情弄清楚,我们不免要打听打听,研究研究。可是,我们向人家要事实的时候,别人往往给你的不是事实,是他的意见或感情!你如果把他的意见或感情当作事实,大写论说文,你很可能错了!"

杨先生设计了一个小小的练习:他先从宋瑞先生译的《莫拉维亚小说选》里面摘录了一段文字。这段文字是一个男人的独白,这位男主角自认为待太太很好,可是太太反而跑了。于是他,这个男主角,用像是急于得到人支持的那种口吻,叙说他如何爱他的太太。在这段文字里面,男主角主要的意见是:他是一个好丈夫。他举出很多事实。单看"意见",他是个理想丈夫。可是,看了那些事实,会产生跟男主角完全不同的意见,那就是,他几乎不配做个丈夫。

杨先生所摘抄的文字如下:

我走着,依照我一向的习惯,每隔两块铺路石踏出一步,开始问我自己,对艾葛丽丝这样绝情地离开我怎么办?她好像存心要我下不了台。我思量,先让我们看看艾葛丽丝是不是能够在我身上找出任何不忠于她的过错来,即使是最微细的过错。我立刻回复自己:一点都没有。我是向来不对女人着迷的，我不了解她们，她们也不了解我；而且自从结婚以后，她们对我早已不存在了。我又转到另一迥然不同的方面去寻思，希望找出艾葛丽丝之出走是不是为了钱的缘故，这又是全不可能的事。说到钱，诚然我从来没有因为什么特别的理由给过她额外的钱，可是话说回来，她要钱做什么？请你评判评判看：每隔一星期看一场电影，两星期上一次咖啡馆，吃冷饮、喝咖啡悉由她的心意，每一个月总少不了两本画报杂志，而且天天都有报纸。冬季看舞台剧，夏季到马里诺度假，我父亲在那儿有房子。这样的娱乐消遣还不够吗？说到衣服，艾葛丽丝更不应该有什么怨尤才对，当她需要什么时，无论是一副文胸、一双袜子，或是一条手帕，没有一次我不是马上采取行动，陪同她去买，替她挑选，付款不误。做衣裳、买帽子也是一样，每次她对我说："我要做一件衣服，我要买一顶帽子。"我没一次不是立刻回答："好，我和你一道去。"尤其你得认清一点，艾葛丽丝并不贪心，在我们结婚一年之后，她便几乎完全不再向我要什么了。

这样说来，无论是在精神上或物质上都不成其为理由，剩下来的莫非是律师们所谓的"性情不合"了？于是我又问我自己：我们究竟可能有什么性情不合的地方存在呢？在两年的夫妻关系上，我们之间就从未争执过，唯一的一次都没有过。我们是形影不离的，假使有一点性情不投的地方存在，那是很容易看出来的。可是艾葛丽丝就从来没有跟我闹过什么别扭，事实上，几乎可以这样说，她是从来不说话的。就如我们晚上去咖啡馆或是两口子在家里对面坐着的时候，她也会压根儿口都不开，都是我一个人在说话。我不否认我喜欢说话，并且喜欢听我自己说话，特别是面对一个与我关系亲密的人。我说话的方式是平静的，一贯的，没有什么抑扬顿挫，是有条理而又流畅的。若是谈起什么题目来的时候，我会从头至尾抽丝剥茧地讲它个痛快淋漓。同时我爱谈的题目都是属于家务这一类，我喜欢谈物价，谈家具布置，谈烹调与温度，什么琐碎都谈，只要是有关家务的，这是事实。我一谈到这些事情就津津有味，乐而忘倦，兴趣之大，似饮醇醪，反复品尝，说个没完。照说——我们说公道话——对女人来说，这当然是最适当不过的话题了，不然的话，又说什么呢？

通常做丈夫的大抵都有他们的办公处所或店铺,即使无所事事也会有三朋四友互相约会在外面闲逛寻乐。至于我呢,我的办公处所、我的店铺、我的朋友都是艾葛丽丝。我从不离开她片刻,甚至于——说来你也许会惊奇——在她做饭的时候我也是跟在她身边的。我有下厨房的嗜好,每日三餐,我总是系上围身布在厨房里协助艾葛丽丝。我样样都会做:削洋芋皮、剥蚕豆、准备作料、察看火候。我是这般得力,使得她常对我说:"你去弄吧……我有点头痛,我要去躺一下。"除了做饭之外,我还喜欢洗衣服、熨东西、缝纫,甚至空闲时我会找出一些手帕来,重新绣过它的边。诚如我所说的,我真是从来不离开她,就是她的朋友或她母亲来访,我也是照样守在一旁;甚至她为了某种理由忽然想学英语,我也一道去学,努力与那艰难的外国语搏斗。一个像我这样的好丈夫,是不容易寻找的。

在这段文字里面,"意见"和"事实"交错。这次练习的做法是:一、分辨其中哪些是意见,哪些是事实。二、涂去原来的意见,只留事实。三、根据事实,另写意见。

补习班里面有一个学生,就原来的文字加以删改,写成一篇《悔过书》,既省力,又讨好:

> 我走着,依照我一向的习惯,每隔两块铺路石踏出一步,开始问我自己,我的性格是不是太呆板了?我心目中没有别的女人,我以此对艾葛丽丝自豪,我是向来不对女人着迷的,我爱一个女人不曾达到忘我的程度,可是这也把艾葛丽丝包括在内了。我每隔一星期带她看一场电影,两星期上一次咖啡馆,吃冷饮、喝咖啡悉由她的心意,每一个月总少不了两本画报杂志,而且天天都有报纸。冬季看舞台剧,夏季到马里诺度假,我父亲在那儿有房子。我包办了她的娱乐消遣,不知道配合她的兴趣。说到衣服,每当她需要什么时,无论是一副文胸、一双袜子,或是一条手帕,没有一次我不是马上采取行动,陪同她去买,替她挑选,付款不误。做衣裳、买帽子也是一样,每次她对我说:"我要做一件衣服,我要买一顶帽子。"我没一次不是立刻回答:"好,我和你一道去。"支配家庭预算本来是女人的权利,逛逛商店,买一点日用品,是主妇的乐趣,有些东西要自己亲手挑

选才有意义,我的专断行事,一定使艾葛丽丝觉得添购任何东西都索然无味,难怪在我们结婚一年之后,她几乎完全不再向我要什么了。

在两年的夫妻关系上,我们之间从未争执过,事实上,几乎可以这样说,她是从来不说话的。就如我们晚上进咖啡馆或是两口子在家里对面坐着的时候,她也会压根儿口都不开,都是我一个人在说话。回想起来,我们婚姻关系的危机也就在这地方。我不否认我喜欢说话,并且喜欢听我自己说话,特别是面对一个与我关系亲密的人。我不知道,谈话的艺术是引起对方说话的兴趣。我说话的方式是平静的,一贯的,是有条理而又流畅的,换言之,我谈话是没有技巧的。若是谈起什么题目来的时候,我会从头至尾抽丝剥茧地讲它个痛快淋漓。同时我爱谈的题目都是属于家务这一类,我喜欢谈物价,谈家具布置,谈烹调与温度,什么琐碎都谈,只要是有关家务的,这是事实。我一谈到这些事情就津津有味,乐而忘倦,兴趣之大,似饮醇醪,反复品尝,说个没完。我在享受谈话之乐的时候,她大概是在忍受听话的痛苦吧!可怜,我不知道,局促在女人的世界内,背诵家具物价烹调的温度,做妻子的听来是什么滋味!

如果我能有我自己的世界,比方说,办公室、店铺、三朋四友,那么,我就不至于天天在侵犯占领艾葛丽丝的世界,那么艾葛丽丝偶然也能自得其乐,忘却烦恼,她也许不至于一走了之。可是,我的办公室、我的店铺、我的朋友,都是艾葛丽丝。我从不离开她片刻,即使在她做饭的时候,我也一直在她身边。我样样都会做:削洋芋、剥蚕豆、准备作料、察看火候。她常常对我说:"你去弄吧,我有点头痛,我要去躺一下。"我还不明白,她之所谓头痛,乃是对我极度厌烦的表示。唉,可怜的艾葛丽丝,厨房本是女人的避难所,她是无所逃于天地之间了!我弄得她从来没有一点私人的生活,就是她的闺友或母亲来访,我也照样守在一旁。有一次,她忽然要去学英文,那一定是她再三想出来的一个办法,使她每天总有两个小时可以逃避现实,而我偏偏要跟着一同去学。我太不知趣了!是我这不知进退的丈夫,把妻子逼跑了!

倒 彩

一

吴强和杨老师单独谈天，谈到莫拉维亚的那篇小说，他们在讨论"意见不是事实"的时候引用了它，吴强意犹未尽。"莫拉维亚描写这个丈夫有很多缺点，他的太太厌恶他，终于逃走。为什么写这篇小说的人，把男主角的那些缺点，都当作优点说出来呢？那明明不是优点啊！"

"是啊，那明明不是优点，男主角却自以为是优点。小说要刻画人物性格，创造了这么一个男人，这种人没有自知之明，也不能替别人设想，他把自己的好意强加给别人，造成损害，事情弄糟了，想来想去都是别人的错。当局者迷，一个劲儿夸耀自己的优点，旁观者清，眼睁睁看他暴露自己的缺点，所以这样的小说有批判的作用。"

说到这里,杨先生脑子里忽然映出一幕幻景。在本校十周年校庆的晚会上,同学们演出了一幕话剧。他们当然缺少经验,不过没有关系,看自己熟识的人粉墨登场,这本身已经是一件乐趣。所以那天晚上,大礼堂里座无虚席,跟什么名片上映的盛况差不多。话剧演到一半的时候,有一段台词是:

女主角:你喜欢我吗?

男主角:当然。

女主角:(指桌上的花瓶)折一朵花给我。

男主角:(折花献上)

女主角:(嗅花)啊!这花真美!真香!(向男)你坐下!

男主角:(退后两步,坐下)

演到这一段情节时,男主角有些慌张。女主角问:"你喜欢我吗?"男主角竟忙不迭地说:"不!"女主角一怔,接不下去,两个人在台上你看我,我看你,手足无措。观众知道出了毛病,大声喊:"好!"站在舞台幕后提词的人,连忙告诉男主角"去折花!去折花!"。男主角如命折了一朵花捧给女主角,女主角嗅花,吩咐"你坐下"。这时候,男主角实在紧张极了,忘了退后两步,就坐下去,结果,没有坐在椅子上,跌了个四脚朝天。观众又大声喊:"好!"并且热烈鼓掌。

从幻景回到现实,杨先生问吴强:"校庆的时候,有些同学演话剧,你看过吗?"

"看过。"

"还记得吗?有一个地方演错了,大家反而鼓掌叫好。"

"记得。"

"既然演错了,为什么还要鼓掌叫好呢?你一定知道,这是喝倒彩。倒彩的作用是,对观众夸张戏里的缺点,使大家注意。所以,倒彩是一种批评的方法。莫拉维亚批评那个毫无男人气概的丈夫,就用这种方法。"

"有没有人用这种办法写论说文?"

"有的!事实上,我们在说话的时候,经常使用这种方法表示意见。我们看见一个人戴了一顶奇怪的帽子,很可能对他说:你的帽子真漂亮!有人做了对不起我们的事,我们很可能说:很好!人不为己,天诛地灭。这句话难道真要提倡自私吗?不是,它很沉痛地责备自私。俗语说'有钱的人坐上席',这句话难道是提倡礼貌吗?不是,它指出社会上有很多人太势利。这些都是说反话,喝倒彩。"

杨先生想了一下,又说:

"文学作品里面应该有很多例子。我记得沙士比亚有一段台词,也用过类似的方法。"他把朱生豪译的《西泽遇弑记》拿在手里。"罗马的伟人西泽大帝(恺撒大帝)是被他的部下布鲁特斯刺死的。西泽死后,他的另一个部下安东尼要求到广场去向人民发表追悼演说,布鲁特斯答应了,但是附有一个条件:'不能说我们的坏话。'安东尼接受了这个条件,他在演说中屡次声明布鲁特斯是个正人君子,但是,民众听他讲完了,掀起一阵风暴,非要杀布鲁特斯不可。因为他喝的是倒彩。"

二

用喝倒彩的方法写论说文,大有可能,到哪里去找一篇范文呢?

"我需要一篇文章,用喝倒彩的方法写成的。"他时时提醒自己。他也问过好几个朋友:你见过用喝倒彩的方法写成的论说文吗?

有个朋友对他说,秦始皇曾经打算把从咸阳到函谷关的地方划成禁区,在里面种树栽花,养很多禽兽,他可以在里面游玩,也可以打猎。这样的建设各国君王都有,但是规模从来没有这样大,那是多么大的一个面积呢,由咸阳到函谷关,大约一百五十公里。

秦始皇的想法显然不妥,但是没人敢进逆耳之言。那时秦国有个皇家专用的剧团,有一个小矮人专演丑角,常常逗秦始皇开心,有比较大的言论自由。他对始皇说,您这个计划很好,如果有一天敌人从函谷关打进来,咱们公园里养的鹿排成队伍迎上去,鹿角就可以把敌人挡住。秦始皇一听,就把那个计划放弃了。

杨先生想了一想。当年中国分裂成七个国家,后世称为战国七雄,秦国在最西边,其他各国在东边,中间隔着华山、崤山。函谷关是秦国的国防险要,东边的国家一再兴兵攻打秦国,都在函谷关惨败,由函谷关到秦国的都城咸阳是战略要地,是主力决战的战场,怎么可以建设成森林、花圃、湖泊、兽圈呢?今天学生使用这个题材写倒彩文章,要充分进入历史的时光隧道,恐怕是太"隔"了。

另一个朋友对他说，台湾现在要办选美活动，选一个美女送到外国去比赛,计划参加美国佛罗里达州举办的"环球小姐"和加州举办的"世界小姐"。这件事，社会上有人赞成，有人反对，反对者有人说反话。这些人说，选美很好啊，一个女孩子，不必经过什么努力，忽然上了报纸的头条，杂志的封面，每天出门都有开麦拉、麦克风包围，说一句什么牌子的手表很好、什么地方的风景很好，马上就来了大把银子。原来做人可以不用太辛苦，人原来可以这样活着，让人变得很乐观。

也有人说他赞成选美，选美使豪门容易找到儿媳妇，使舞厅容易找到花魁，使电影公司容易找到摇钱树，替天下的女孩子制造白日梦。选美可以增加首饰和化妆品的销路，提高物质生活水平，促进社会繁荣。

杨先生一听，这不行，太刻薄了。

找一篇范文这样难，几乎失望了，他以为再也找不到了，可是这天打开报纸，得来全不费功夫。看完了一篇文章以后，他高喊："有了！"

这篇文章提出公共汽车应该改进，公共汽车班次太少，乘客太挤，天气又这么热，车掌和司机的态度当然也好不了。

这位作者是怎么说的呢？他说：

> 搭乘公共汽车是非常有益的健身运动。上车之前，人人争先恐后，奔向车门，完全像是打橄榄球，天天这样做，一天至少两次，使你手脚灵活，反应敏捷，态度积极。
>
> 上了车，不管你是站着还是坐着，都能享受车身的震动。马路上有无数大坑小洞，让车身升降起落，你的肌肉随着抖动，促进血液流通，增加肌肉弹性，你不必花大钱去买电动的按摩椅，也不必拜师学习外丹功，每天两次公交车都为你做了。如果你是站着，还可以训练调整重心，维持平衡，活到一百岁走路也不摔跤。
>
> 如果你是站着，你还会得到一项报酬，你的前后左右常常有穿戴入时的女性乘客，双方距离之近，可说摩肩接踵。随着车子的行进，你抖动的时候她也抖动，你前仰后合的时候她也前仰后合，你仔细看了她的唇线，闻到她的发香，她也不能怪你。这不是跳舞吗！这种活动，我称之为"挤舞"，"挤舞"免费。除了运动，还训

练你我男子在和女性近距离接触时从容自若。搭公交车，站比坐有益，人人乐意把座位让给老弱妇孺，显得社会非常文明。

站位比坐位拥挤，你上了车，就是砌进人墙里的一块砖，四面八方都是压力，而你到底不是砖，所以要用力量抗拒各方面的压力。车子在行进的时候不但颤动，而且要忽然急转弯，你得像一个滑雪的人那样保持警戒，这样，身体的各部分肌肉都有了锻炼的机会。

有时候，车轮忽然刹住了，乘客像一群抢泡泡糖的顽童，一齐冲向前去，以致车厢后面有一大块地方都空出来了。这不但再一次提醒你惯性定律是可靠的，而且也证明车内乘客的拥挤并不如外传之甚。自然，在这冲上前去又退回来的过程中，每一个人都能培养出应付突变的能力。

最后，下了车，你我就像由健身房或体育馆归来一般，血液畅通，肺活量增加，新陈代谢良好。而这一切都在回家途中完成，并不需要另占时间。

为什么要改变公共汽车的现状呢？让它维持老样子吧！

杨先生把这篇文章复印了，发给同学们参考，口头又加上一段解释：

"一般的论说文，都从正面下笔，对的，作者说它对；错的，作者说它错。可是，另外有一种写法，某人不对，作者偏说他对；某件事错了，作者偏说没错。这种写法，他不是说假话，而是故意说反话，让读者一看就知是反话。请注意这样写有两个条件：第一，写的是反话。第二，一看就知道是反话。这样写，可以写得很幽默、很俏皮，如果弄不好，也可能写得很轻浮、很刻薄。"

同学们对这种写法发生极大的兴趣。他们平时所受的文字训练，都是规行矩步，日子久了，觉得沉闷，如今忽然听说写文章可以故意说反话，每人都有放了假一般的感觉，个个跃跃欲试，彼此交换看到的、听到的各种反话。那时候，社会上还在议论要不要禁止跳舞，一个学生说："跳舞很好，鞋子磨破了，可以换新鞋；男朋友一天比一天多，闹出社会新闻，还可以登在报上出出风头。"那时候，已经有人质问学生为什么一定要穿制服，一个学生说："为什么一定要我们穿制服？随便穿衣服不好吗？有钱的学生穿得花花绿绿，可以刺激穷学生上进。"有人说："失败很好，失败是成功之母。"有人说:"鲜花应该插在牛粪上,植物都需要肥料。"

三

附近的几家学校,决定联合起来举办一次演说比赛,每个学校的每一年级,指派一个代表参加。吕竹年发音正确,仪表端庄,当选为代表之一。这几天,他天天捧着题目研究怎样写那篇讲稿,题目是《我对恶性补习的看法》。补习是对老师教授的功课唯恐不足,自己再聘家庭教师加上一些作业,恶性补习使额外增加的作业太多了,不但妨碍孩子的学习,甚至妨害孩子的健康。教育界人人反对恶性补习,社会上家家都在恶性补习,形成一个热门的话题。

吕竹年问:"老师,我用喝倒彩的办法去演讲,行不行?"

杨老师沉吟了。"这是很困难的。演讲不比写文章,它有声调和表情,你说反话的时候,得用声调和表情帮助,万一弄不好,变成油腔滑调,给评判员的印象很坏。"

"老师……"吕竹年继续要求。

"好吧,试试看。你先把稿子写来。"

稿子来了,开门见山,说的是:"补习要交补习费,学生家长在正规的学费以外,每年要另外拿出一大笔钱来,有了这笔钱,就可以提高老师的待遇,老师的待遇是应该提高的。这是恶性补习的第一个好处。"

杨先生皱起眉头,怎么一开始就是败笔?反话这样说,也会引起评审的误解。看来孩子们不懂人情世故,要趁机会点拨一下,他把教师待遇这几句改了:"老师都希望学生用功,看见学生眼睛不离书本,埋头写作业,念念有词背英文单词,他心里很安慰。恶性补习可以报答老师的苦心。"

他把稿子拿去和胡主任商量,润色字句,最后定稿是:

我对恶性补习的看法

在我看来,恶性补习有很多好处。老师都希望学生用功,看见学生眼睛不离书本,埋头写作业,念念有词背英文单词,他心里很安慰。恶性补习可以报答老师的苦心。这是恶性补习的第一个好处。

所谓恶性补习,是不分寒假暑假都在补,不分白天黑夜都在补。恶性补习大概从小学五年级开始，有些学校特别提前，从四年级开始，然后一直延长到整个初中高中。学生没有时间去运动，就不会在球场受伤，从来不逛街，不会跟小太保小流氓打架。不看电影，不吃零食，养成节俭的美德。不看童话，不听故事，就不会胡思乱想。这是恶性补习的第二个好处。

学生天天捧着各科大全死背死啃，难免觉得眼睛不舒服，常看眼科医生；难免消化不良，常看内科医生；有些学生天天没精打采，闷闷不乐，得去看神经科医生。常常看医生，可以预防疾病，保障学生的健康，医生的生意好起来了，医疗事业可以发达，家长也增加不少医药知识。又是恶性补习的好处。

有人说，补习可以，恶性补习不可以。可是，我们为什么要补习？补习是为了升学，恶性补习是为了升学更有把握。升学考试是一种竞争，预备升学是竞争开始。你说，星期天不要补习了，让孩子休息一下，你竞争的对手也在星期天休息吗？如果他不休息，你怎么能休息呢？为了升学，当然要补习，既然补习，当然要恶性补习。这才是恶性补习最大的好处。

所以，我悬梁刺股要补习，囊萤映雪要补习。孔夫子说，困而学之，勉强而行之，恶性补习是学习做圣贤。孟子说，苦其心志，劳其筋骨，饿其体肤，恶性补习是预备做伟人。恶性补习的好处说不完，可是我的时间到了！

经过两位老师的斟酌，再由吕竹年试讲，修正了语调和表情方面的缺点，终于让他带着这篇演说稿去了。

可以告慰的是，吕竹年捧着大银盾回来了，他的语言和仪表都得到满分，占了大便宜。至于他演讲的内容，也引起了很多评判委员的注意。有位评判委员，"内容"一项给吕竹年画了满分，事后把他喊过去：

"是杨先生教你国文？"

"是的。"

"杨先生是我的好朋友，我写一封信，你替我带去。"

杨先生打开这封信，上面除了问候一类的话以外，谈到吕竹年的演讲稿。信上说："这种喝倒彩的写法，免除了很多陈腔滥调，的确在演讲会上显出特色。不过，'反语之法，乃不得已而用之'，所谓不得已，是有话不便直说，只好绕弯子,年轻人没有分寸,很可能流为轻佻浮薄。教学如扶醉人,扶得东来西又倒,吾兄谅必有此经验也。"

杨先生觉得这位老朋友真热心,见解也很对,立刻回了一封长信。

就事论事

一

补习班的考前猜题又吹来一阵风。往年的作文题，都是用一句话或一个词，容易猜中，今年可能来个彻底改变，命题委员写出一件事情来要考生评说，作文题可能是这个样子：

有些学生家境清寒，周末要出去打工赚钱，此事由来已久。现在发现女学生在歌厅登台唱歌，有一家歌厅印海报广告，以名校美女学生登台客串为号召。歌厅是大众娱乐场所，以前，学校和家长都不许孩子们进歌厅听歌，由不准听歌到登台献唱，这一步迈得很大，你有什么意见？

如果升学大考真的出了这么一个题目,倒是文教记者的大新闻,阅卷先生的大享受。现在这一阵风吹起,各学校就不仅起了涟漪。有人觉得这样的题目容易发挥,有人觉得反而更难。杨老师教导的这两班学生倒很镇定,他们打过预防针。他们写过一篇《渔人应该救商人吗?》,那个题目就是针对一个故事。

商人过河,失足落水,要求一个渔人救他,许给渔人一百两银子。商人上岸以后反悔了,只肯付出十两,渔人也无可奈何,怀恨而去。谁知无巧不成书,第二次,商人又落水了,那个渔人也看见了,这一次他袖手旁观,任凭那个商人淹死。渔人应该救商人吗,就是要大家评论对错是非。

商人落水淹死是一件惨案,我们讨论的重心,应该是惨案为何发生。有人认为惨案因商人背信而生,商人自己应该负责,怪不得旁人,这是一篇文章。有人认为惨案是由渔人报复而生,无论如何"见死不救"在法律上在人情上都说不过去,渔人要负责任,这是另一篇文章。还有一种看法,商人和渔人都有责任,两个人的贪念都很重,惨案是两个人合作酿成的,这又是一篇文章。不过这第三篇文章还没有人写出来。

杨先生说过,针对一件事情来作文评说,叫作"就事论事"。他们虽然已经有些认识,但准备永不嫌多,如今有了风声,还得郑重对待。同学们对女生唱歌的事兴趣很大,早已忍不住议论纷纷。有一家杂志,名叫《中学生半月刊》,抓住这个热门的话题来了征稿信,欢迎在校学生发表意见,每篇限三百字。

杨老师鼓励同学们参加,这一次他改变做法,不指示要点,也不提修改意见,学生写好直接寄去,他说要同学们试一试自己的功力。

二

经过一番盼望与猜测,杂志出来了,征文的结果,一共采用三十篇来稿,这三十篇入选的稿件来自三十个学校,每个学校一篇,这是因为杂志要向许多学校伸出触角,使很多学校的学生都对这本杂志有印象,有好感,进而打开销路。

细看那些入选的文章，也都用了杨老师讲授的方法。例如说，现代人对职业要有现代观念，唱歌也是正当职业，听歌也是正当娱乐。例如说如果进歌厅是受污染，任何职业都有污染。饭馆里端盘子，想吃好的；绸缎店站柜台，想穿好的；银行擦桌子，想钞票。例如说，也要想想失学的后果，如果只有进歌厅打工可以维持学业，总比失学要好。这些文章都用是非法的句子做骨干。

反对的一方另有说法，他们说，歌厅给学生极少的报酬，极坏的影响。他们说，歌厅的作用和学校的作用，完全背道而驰。他们说，父母如果重视子女教育，就不会叫未成年的孩子打工。他们说，学生可以打工，但是打工的地点不该是歌厅。他们说，还不到就业的年龄就去打工，本来就不正常，你也别希望以后有正常的发展。他们也用是非法的句子做骨干。

他们也用反问的语气。社会上可以打工的地方很多，为什么一定去歌厅？如果社会上没有歌厅，难道就不能打工了？歌厅打工有什么关系？脱掉戏装，没人以为自己还是皇后，走下舞台，没人以为还在巴黎，到毕业那天，哪里还有歌厅？你以为唱歌赚钱很容易吗？那也得是个人才。

他们也引用权威。要把歌厅打工的后果和失学的后果比较一下,"两害相权取其轻"。打工总有辛酸,"若非一番寒彻骨,哪得梅花扑鼻香?"朱自清先生说过,家长要少年人牺牲课业去打工赚钱,等于农夫在冬天吃掉庄稼的种子,来年你还有什么收成?有人引用他们校长一句话:"植物可以出污泥而不染,人不行,至少年轻人不行。"

杨先生很注意同年级学生的文章,发现不少好手,每一个好手后面都有一位良师,这位良师讲台下面围绕着一群好手,来日升学大考的试场中,他教的学生会遇见许多劲敌,心中未免担忧,只有希望自己这边勇猛精进。但是考试是一种筛选,无论如何总有一些人落榜,落榜的学生,总有一部分失学,无论怎么说,少年失学是一场灾难,再读那些讨论歌厅打工的文章,有些触目惊心。

学生发问,打断了他的思考:老师,我们的文章为什么登不出来?我们什么地方不如人家?

杨先生想起一番话来。这不是文章的问题,这三十个学校,每一个学校都有许多许多文章没注销来,杂志的编辑部门要配合营销,采取了这样的策略,这样做,杂志才可以生存。文章注销来是成功,没注销来并不是失败。

什么是成功?英国的小说家狄更斯说过一个比喻:成功是一把梯子,左右两条长长的木条,是你的能力,中间一道一道的横木,是你的机会,先要有能力,机会来了,你才可以登上去。文章写得好,是能力,杂志没注销来,是没机会,只要有能力,机会还会再来。中国也有一个比喻,机会是河里的鱼,能力是手里的网,鱼来了,总是手里有网的人得到。所以"临渊羡鱼,不如退而结网"。

好吧,那就退而结网。

三

要找就事论事的文章,倒也不必远求。报上有一种小专栏,天天评说最近发生的新闻,只是在结构上没有照考试作文的规格,只要稍加改动,眉目就清楚了。杨先生本人也是这种专栏的作者之一,为了让学生多读一些样品,他写稿的时候也有了临场作文的心情。

例如下面这篇文章:

成长的痛苦

闹市翻修马路,埋水管电线,居民行人要承担痛苦。工期漫长,而立了合同定下进度的工程,又总是一再延期。目前正在施工翻修的一条干道,拖了三年,到现在满街坑洞,废弃的材料和待用的材料长久堆积,尘沙漫天飞扬。你对这种现象有什么感觉?

我的感觉是,成长会带来痛苦,好政府、好官吏尽量减轻缩短人们的痛苦,而市政府的表现恰恰相反。

我们的市政首长应该知道,大都会交通繁忙,翻修马路会造成阻塞。市政首长应该知道,台湾是个有台风的地方,每逢台风带来豪雨,马路积水成河,行人非常危险,水底有坑,一步错了就得游泳出来。我们亲眼看见摩托车的骑士一头栽进去,幸亏行人仗义营救,没有淹死。

居住在这样的环境里,小市民茫然四顾,思念古往今来的贤臣良吏。现在冬天到了,冷风吹上行人的脸,把他们吹成孤儿。

成长的痛苦也许无可避免,但"延误"和"加重"都可以预防。现代工程是科学,一条马路多宽多长,需要多少材料，投入多少工人，一天能修多少公尺，多少天可以修好，事先都可以算得出来。最大的变量是夏天有台风，民间盖房子尽量躲开刮台风季，公家修路为什么不可以？如果这条路太长，那就分成两段，分成三段，每一段都在今年台风过后、明年台风开始之前修好，也都办得到。

除旧布新，要改变一些积习，革除一些陋规，也许叫人不舒服，温水青蛙跳进冷水里，也是一种痛苦。那也算是你们成长的痛苦吧，请来和我们市民一同成长，一同痛苦，然后一同快乐。

短评的作者署名"易言"。同学们发现这篇短文的写法宛如模拟考试，争相传阅，读完了，大家开始推理。骑摩托车的人栽进马路上的水坑里，正是在他们学校门外发生的意外事件，别的地方有没有发生过？没听说。写文章的人说他"亲眼看见"，莫非这位"易言"就住在学校附近？报纸的读者一向想知道时事短评的作者是谁，因为这一类短文贴近他们的生活。

从此他们注意易言的小专栏，两天以后，他们又看见一篇：

媒体·霉体

台北，一个姓吴的，跟一群恶少结伙，绑架仇人。他们把三个仇人押到郊外，痛打一顿，再强迫三人用自己的十根手指头挖坑，挖到血肉模糊，然后用那个坑把三个人活埋了。姓吴的承认，他是从电影学来的。你看了这条新闻有何意见？

我看了这条新闻，想起香港一名大盗，开着号称"怪手"的挖土机，挖走银行门侧的自动提款机，那玩意儿的重量是七百五十公斤，牢牢地砌在钢骨水泥的墙壁里。他怎么会想到使用"怪手"？也是看电影、学做案。

美国的例子就更可怕了：洛杉矶，十七岁的少年和他十五岁的表弟，非常喜欢一部叫《惊声尖叫》的电影，一连看了十几遍。一天，他们就模仿电影情节，用四把型号不同的刀子和一把螺丝起子，在母亲身上刺了四十五个伤口。任她尖叫死亡。在达拉斯，七岁的男孩醉心电视上的职业摔跤，摔死了他一岁的弟弟。

评论家谈论暴力问题，创造了新的名词：演示暴力过程供人欣赏,谓之"暴力游戏",暴力思想和技术,谓之"暴力文化",公认两者有连带关系,长期密集的暴力表演,形成暴力文化。既是文化,也就自然而然跟着做,不知道那是错的。所以,有一天,他们犯了罪,站在法庭上受审,还无所谓,不后悔。

暴力表演使许多人的心智麻木了,把许多人的恶性激发出来,不啻在人群中预置了无数定时炸弹。他们可能是幼年人,可能是青年人,也可能是中年人。想不到,距离鲁迅写"救救孩子"将近一百年了,怎么反而听见有人高呼"救救人类"?!

龚玫读了这篇文章,向吴强、刘保成、金善葆等人挥舞报纸,大喊:"我知道文章是谁写的了!"大家的脑袋朝文章凑过来合计一番,没错,小专栏的执笔人是杨老师,他前天对同学们说过,媒体可以是"美体",也可以是"霉体",全看怎么使用。

大家到办公室找杨老师,杨老师笑一笑,证实同学们的推测。

"老师为什么早没告诉我们呢?"金善葆问。

"写这种小专栏，作者照例使用笔名，有人来问，不说谎；没人来问，自己不张扬。"

他们又提出一些问题，杨老师说："说来话长，我们上课的时候再谈。"

四

"其实，《媒体·霉体》的写法，和我以前讲过的文章作法，仍然是一致的。"杨老师说。

我以前说，写论说文先有一个是非判断的句子，接着列举证据，用算术公式表示，是 3=1+1+1。现在把排列的次序换了一下，写成 1+1+1=3，也就是先列举证据，后建立是非判断。

你们看，《媒体·霉体》先举几个案例作证据，指出电视和电影中的暴力表演，会在社会上产生暴力行为。最后该下结论了，没有出现是非判断的句子，以反问的语气让读者去思考，是非判断却在题目里抢先预告，它说媒体也是霉体。

杨老师用强调的语气说：文章并非只有一种固定的作法，所有的作法都可以变化。还有，文章作法有我们已经知道的方法（前人留下来的方法），还有我们不知道的方法（今人和后人继续创新增添的方法），教书的人只能教已知的方法，也鼓励实验未知的方法，不过要注意，升学考试一定要用已知的方法，考场可不是你的实验室哟！

龚玫发问："老师说过，媒体也是美体，媒体提供知识娱乐和新闻，对社会有很大的贡献，怎么没有写出来？"杨老师歉然一笑：这种小专栏有它的局限，它只有巴掌大一块地方，只能写几百字，如果面面俱到，恐怕多半要写成一篇大纲，读起来枯燥无味。它多半要重点突出，吸引读者的注意力。再说，小专栏的文章由新闻报道引起动机，社会上发生了活埋仇人的新闻，报纸上也就立刻出现《媒体·霉体》这样的文章。

最后，杨老师说："我也有很多材料，证明媒体也是'美体'，只要有机会，随时可以再写一篇。"

五

有一天,大家忽然发现这个专栏的文章写得很有趣,题目是《洗手》:

"饭前便后一定洗手。"我们都从小接受这样的教育,照情理推想,人人都养成了洗手的习惯,彼此都可以放心。可是,有位市议员说,据他调查,那些路边摊卖食物的人,便后并不洗手。他的报告使人大吃一惊。谁没吃过路边摊?进夜市,吃小吃,还是招揽游客的文化特色呢。岂有此理,大家这样看重你,你怎么可以……?你太对不起顾客了!

我们设想,路边摊做生意取水困难,只好"免洗",另外有些地方,既卖食品,又有自来水"哗哗"流淌,他们的手当然干干净净。谁知道,据美国一个叫"国际研究公司"的机构调查,食品店里拿最低工资的人便后不洗手。为什么?理由总是有的吧,我们可以推想,他们待遇低,心情坏,自暴自弃。大餐厅收费高,小费多,工作人员一定不会如此。

很不幸,这个想法又错了!由法国来的消息说,一个法国人上餐馆,闻出花生米有尿味。他知道问题出在哪里,回家以后,用他的工程知识和天才设计了一套装置,如果上厕所的人不洗手,厕所的门打不开,人走不出来。

有人说,中国人的民族性不好,大家懒得洗手。其实不然,你看,这里那里,天下乌鸦,这不是种族问题,这是习惯问题,坏习惯哪个民族都有。法国那位发明家枉费心血,没有几家餐馆采用他的装置。从这些地方可以发现普遍的人性。

《纽约时报》说,美国每年有九千人因不洁食物而死,有八千万人因不洁食物而病,数字令人吃惊。食品不洁,原因很多,无论如何一双手难脱干系。难怪有人尽量不吃外面的东西,自己带饭盒,食物简单,但是卫生可靠。单身汉别偷懒,加入烹饪班学几手,自求多福,还可以用它广结善缘。

当然还是要寄望餐馆、食品店、路边摊知过能改,他们毕竟是社会上必须有的行业,为自己的利益,他们也必须设法增加社会对他的依赖。

全校学生每天打开报纸,第一件事就是找"就事论事"的小专栏。倒也不是每篇都爱看,有时候,不大懂得他说什么,有时候,对他讨论的问题没有兴趣。这天看《洗手》,人人发出会心的微笑,你问我洗手了没,我问你洗手了没。爱找材料的人到厕所里去观察,发现谁不洗手,就当作新闻大声传播。有人说,他很想待在厕所里三天不出来,统计不洗手的人有多少?不洗手的原因是什么?年级是不是一个因素?

独有吴强,心里想的是作文。果然"文无定法",这篇《洗手》的写法又和《媒体·霉体》不同。怎么一句推想连一句推想,全是由推想写成?放学后,他单独和杨老师讨论这个问题。杨老师说:

"不错,这篇短评一再使用了推想和推想的语气。不过这篇短评并非完全建立在推想上,而是建立在证据上。四个证据是:市议员的调查,国际研究公司的报告,法国人发明的特别装置,还有《纽约时报》的新闻报道。我没有把四个证据排列在文章开头,也没有排列在文章结尾,我把它们分散布置在文章里。用什么连接？怎样贯串一气？用五个'推想'。这样写比较活泼。'推想'是证据的延伸，从已知延伸到未知，它也是论说文的一种技巧。使用推想要小心，用推想得来的结论往往不可靠。成语不是有'瓜李之嫌'吗，你在果树下面整理头上的帽子，人家在远远的地方推想，以为你偷水果。你在瓜田里弯腰穿鞋，人家在远远的地方推想，以为你偷瓜。其实全错了。"

杨老师说："你看，《洗手》不停地推想，也不停地推翻推想，暗示推想不可轻易使用。同时文章因此有起伏。有峰回路转柳暗花明的趣味。"

然后，杨先生想到新的题材，新的形式，埋头写他的专栏。

别

一

教务处送来一张条子:"本学期即将结束,依学校行事历,各毕业班课程统祈在本周内授完,非毕业班课程统祈在下周内授完,敬请察照为荷!"

杨先生的反应是吃了一惊,好像一个花钱没有计算的人,突然被银行通知存款不足一样,原来这一学期又过完了。他教毕业班,对他而言,并不是又过完了一个学期而已,他跟他最熟悉的这一班学生,已经没有"下学期"了。随着"毕业"而来的是轻松加上忙乱,各人有各人的感触,各人有各人的打算。

杨先生想：学生毕业以后，都要离开这一座学校，这座学校成了他们的历史，他们的回忆，他们以后旧地重临，不再是这里的学生而是这里的客人。他们会想，这座学校给过我什么益处？我在这里得到了一些什么？那么此时我该自问：我给了他们一些什么？我使他们得到些什么？

这一年，毕业班的各科教学都只有一个目标：升学考试！师生同心协力对付未来的一张考卷，老师时时要想：这个考不考？学生常常要问：那个考不考？如果升学不考，好像老师就不该教，学生就不该学。每个人好像都有幻觉，宇宙一考场，天地一考卷，打开报纸，恍如打开考卷，面对黑板，恍如面对考卷。考试领导教学，教学追逐考试，东西南北都有人批评，学校只是训练一窝吃考卷的虫子，怎么能为社会培养栋梁之材！就在四面楚歌声中，杨先生用尽心思教了一年怎样写论说文，希望能帮助他的学生顺利升学。

为什么要升学呢，事情明摆在那儿，因为人生在世要有专长，自称无一长处，因为没有长处，所以没有短处，这样的说法，现代人恐怕听不懂了。为什么要有专长呢？因为人需要职业，从前，还有皇帝坐龙庭的时代，社会上有许多许多人一辈子没签过到，没打过卡，没填过履历表，没伸手领过薪水，他活得很好，现在还有那样的人吗？自称没有长处也没有嗜好，还有个地方肯舒舒服服地养着他，现在还有那样的事吗？现代社会已经格子化，就像中药铺一样，这个方格里是大黄，那个方格里是人参，你得是半夏或是当归，放在格子里。

事情明摆在那儿，学校不是训练吃考卷的虫子，学校是培植大黄人参，也就是专门人才。在所谓先进国家，为人理发都要学院级的文凭。专门人才的养成，需要经过小学阶段、中学阶段、大专阶段，也就是说，他得通过一次又一次考试。学校把你训练成专门人才，你才有身价，工程师一个月挣多少钱，理发师一个月挣多少钱。大黄永远是大黄，理发师未必永远是理发师，一个木匠可以成为大艺术家，一个马夫可以成为元帅，社会自己制造它的栋梁。

如此这般，家长把孩子送进来，盼他升学；社会看这些孩子，等他升学；政府考核这个学校，计算你有多少毕业生升学。学校和学校之间，比赛谁的学生升学，我们来教书的人怎么能不注意升学？学校是教学生在体制之内生活，不是在体制外生活，是教学生在这个时代生活，不是教他在未来的时代生活，是教学生在社会的需要下生活，不是在教育家的理念中生活。

有人说，小学是进入中学的敲门砖，中学是大学的敲门砖，杨先生听了也不服气。敲门砖是从路边拾起半截砖头敲门，门开了，他手里的砖头就丢掉了。一个孩子，学校为了教他如何升学，得教他许多东西，他为了升学，学会了那一套东西，他升学以后，那一套东西并没有完全丢掉。学生不是敲门，他好比吃东西，为了维他命C，他吃西红柿，西红柿里面除了维他命C，还有葡萄糖、柠檬酸、胡萝卜素，还有研究者未曾发现的什么营养，他一并吃下去了，一并消化了，吸收了。

那么，杨先生不免自问，我教他们写论说文，他们除了在升学考试时多一些胜算，还有什么收获？在这学期即将结束，离情别绪升起的时候，杨先生想到一句话："人生就是不断地离别。"离别的前面必然有相逢，有交往，否则哪里来的离别？这句话可以稍稍修改，"人生就是不断地聚散"，或者"人生就是不断地握手与挥手"。有人对离别的感受特别深刻，情绪压倒了、淹没了一切，这才说人生就是不断地离别，这句话是抒情文，不是论说文。同学们为了升学，来学论说文，他在写论说文的时候，知道论说文和抒情文的区别，学习理性的思考，将来论说文可以永不再写，理性的思考却伴随一生。这个社会太缺乏理性了！

二

杨先生自己检讨，这一年，他很注重论说的方法，他也想到，论说文的内容需要有是非标准。

平时寒暄的时候，人和人之间似乎没有歧见，可是，一旦面对比较突出的问题，那就无可避免地要"仁者见仁，智者见智"，即使是父子兄弟之间，也不见得能意见一致。人是复杂的动物，对同一件"事实"，有各种不同的看法；对同一事实的价值，有彼此不同的评判。这是因为，各人有各人的是非标准。"标准"是深藏在他心里的一把尺、一块试金石。他拿外面发生的事实，向这块试金石上磨一磨，用这把无形的尺量一量，然后他说，这件事是对的，是不对的，说它的价值很大或价值很小。评判是非固然要弄清外面发生的事实，尤其要在内心建立一个标准，没有标准就不能判断。各人意见不同，是由于各人内心的"标准"不尽相同。

这样看来，"标准"太重要了，有标准，才可以言之成理；没有标准，免不了要彷徨困惑。几个人标准相同，谓之志同道合，否则"道不同不相为谋"。没有标准就没有意见，没有意见怎能写论说文？错误的标准，产生错误的意见，又怎能写出一篇站得住的论说文？就文章的形成来说，先有标准；就学习的过程来说，可靠的标准往往到最后才建立。教人写论说文，应该先助人建立标准。可是，标准的建立，绝不是一门功课、一个教师所能独力完成的。追究到这一层，真觉得兹事体大。

建筑这个"标准"的材料是什么？

最重要的是知识。

如果有人对我们说，今天月球上投票选举总统，我们立刻可以断定这是胡说，因为根据我们现有的科学知识，月球上不可能有"大选"。科学知识是我们胸中的标准，凭着它，我们可以肯定地说香灰不能治病，照相机不会摄去人的魂魄。知识产生判断是非的能力，知识愈正确，判断愈可靠。

除了知识,还有理想。

很多人,尤其是社会改革家,往往先悬一个理想,朝这个理想努力,在他的心目中,人与事的是非,要看跟他的理想配合还是冲突。"每一个清寒的学生都该免缴学杂费"是一种理想,现在各学校的收费办法不符合这理想,抱有这种理想的人,就要批评现行的收费办法不对。"学校要培养学生健全的人格",这是教育家的理想,所以他们反对投机取巧的"升学主义"。

除了理想,还有约定。例如中国人讲信义,信义就是一种约定,你不欺骗我,我也不欺骗你,我做事对得起你,你做事也对得起我。宗教的教规也是一种约定,例如初一十五上香,例如星期天做礼拜。我们俗人可以吃肉,如果和尚吃肉,我们会说他错了,关系在有没有约定。

理想可以变成知识。当法国还在国王和贵族手中的时候,《民约论》里面的那些主张只是对法国前途的理想,到后来,它变成政治常识。知识也可以变成一个人的理想,一个青年,在有了太空方面的知识以后,可能主张努力发展太空科学。

约定可以变成知识,"欠债还钱"本是一种约定,到今天，债权问题是相当复杂的法律知识。知识有时也变成约定，有关公共卫生的许多"约定"，大半是知识普及以后变成的。

约定，有时候实在是一种理想。例如各种的誓词、公约之类，没有人能完全做到，它是一个人或一个团体的理想，披上了约定的外衣出现。在这种情形下，理想很容易产生"约定"。

知识可能跟约定抵触。想当年家长把孩子送到学校里来，再三拜托导师说："孩子如果不用功，请您尽管打。"导师果然动手打，孩子果然乖乖地用功，可是，"知识"告诉我们，这是不好的。

约定往往与理想抵触。男女结婚要摆酒席，雇乐队，铺红毡，放鞭炮，这是"约定"。很多人在未结婚前有一个"理想"，希望自己的婚礼能简化革新，不落俗套，可是事到临头，挣不脱社会习俗的约束。

三

杨先生把知识、约定、个人理想三者的关系排列起来，写在一张卡片上，不禁想起自己的许多往事。

他想起，人本来是浑浑噩噩的，那时候根本不知道有是非。长大以后，人生多半有一个时期觉得苦闷、迷惑，内心有剧烈的冲突，觉得不容易判定是非。再过若干年，这个人成熟了，定型了，他有了自己的见解，达到"不惑"的境界。这是思想发育的过程。在那些成长发育的日子里，人不断地吸收知识，发现约定，编织理想，这三样东西日夜在心中，相生相克，加减乘除，最后得到平衡，这时，他也就得到了判断是非的标准。

人的个性、气质不一样，历史、环境不一样，所吸收的知识、所接触的约定不一样，个人的理想不一样，知识、约定、理想三者，在每个人内心加减乘除的计算式又不一样，结果产生了几千几万个是非标准。以打牌而论，有人认为打牌绝对是错的，有人认为打牌是正当娱乐。在这两个极端之间，还有：

豪赌是错的，打小牌是对的。

通宵恋战是错的，只打八圈是对的。

与赌徒聚赌是错的，跟好朋友逢场作戏是对的。

只要不瞒着太太,打牌不算坏事。

只要能维持好的牌品,打牌不算坏事。

只要常赢钱,打牌就不是坏事。

只要不动用子女教育费做赌本,打牌不是坏事。

几乎每个人都想扩大使用自己的标准,希望别人依从他的判断。同时,几乎每个人,标准一旦在内心形成,就很不容易改换。所以,人与人很容易发生争执。论说文,不论写得多么含蓄,它无可避免地要伸张自己的标准,削弱另一些人的标准。这就是所谓"论说文的战斗性"。

可是"战斗性"这样的字眼太容易使人误解了。认为自己的标准是唯一的标准,是至善的标准,写起文章来声色俱厉,奋不顾身,那会变成一个暴戾的论客……

"我想得太远了。"杨先生从冥想中醒过来。他不能在黑板上抄几句话,说"这是标准"。他不能印一份讲义,说"这是标准"。他也不能介绍一本书,说"这是标准"。他只能尽量把好的东西告诉他们,把有启发性的事物指给他们看,任他们的心灵自己去组合去分解,去发生秘密的震动。

到最后,他还是决定少谈"标准",多谈方法。

四

可是,有人说,写文章是没有方法的。真奇怪,这人写文章,明明这里用了古人用过的方法,那里用了今人用过的方法。世上万事皆有方法。记否?我们小时候学习怎样用筷子,连那样简单的事都有方法。记否?我们学习怎样用毛笔写字,这事我们得学一辈子,用笔有笔法,用墨有墨法,有时候还用水,有水法。从来没有一个音乐家说过,拉提琴没有方法,你只要拿起琴来拉;从来没有一个书法家说过,写字没有方法,你只要拿起笔来写。唯独到了写文章,怎么就没有方法了!

文章,无论如何是人用大脑指挥手做出来的,在制作过程中,一定经过有意的安排,这种安排,应该可以重复使用,互相观摩。就算"文章天成"吧,"天"也有方法,天下雨是有方法的,人发现了这方法,已经可以造雨;地生钻是有方法的,人发现了这方法,可以人造钻。杨先生相信，作家对他所使用的方法不能保守秘密，他必须写文章，他必须发表他的文章，文章发表出来，他的写作技巧就暴露在我们眼前，我们花心思研究许多作家的文章，可以找出他们的方法来。

另外有人说，单凭方法不能产生杰出的作品，好，这句话总算承认有方法了，问题在作品的档次高低。"李杜文章在，光芒万丈长"，这种作品当然杰出，然后，有些作品光芒千丈，有些作品光芒百丈，有些作品斗室烛光，有些作品，例如我们写的论说文，好比一只萤火虫。如果档次越低越依赖方法，我们正是需要方法的人，方法正好对我们这些人有用。有些萤火可以变成烛光，有些烛光可以变成星光，有些星光可以变成月光，有些月光会不会变成日光？如果真有不需要方法的作家，那也可能从依赖方法的作家中蜕变跃升。

李白杜甫都是唐朝的诗人，唐人作诗要遵守韵律，规矩很多，李杜的光芒万丈不像是从没有方法产生，很可能是由遵守方法开始。《全唐诗》搜集两千多个诗人的四万八千多首诗，这些诗人写诗都用同样的方法，后人精选七十七人的作品辑成《唐诗三百首》，这七十多个人好像成了唐诗的代表。看样子并不是没有方法才会产生杰出的作品，而是诗人熟悉方法，遵守方法，最后使自己的作品成为那方法的化身。可以说方法给作家共同的基础，作家个人在上面建立独特的成就。

现在，杨老师眼睁睁地看学生毕业，看他们走出去，觉得好像看新娘上轿，总担心她的嫁妆太少；好像看新兵出征，总担心装备不够。他教的那一点子文章作法，连带认识了几个生字，记住了几个典故，懂得了几分人情世故，也不知道中用不中用。

下午，吴强到宿舍里来探望杨老师。杨老师正靠在藤椅上，觉得非常疲惫，连喝了两杯浓茶，也提不起精神来。他没有对吴强说多少话，吴强又不善言谈，两个人一直默默地对坐着。杨先生的心思可一直放在吴强身上，他跟同学们有"论说文作法"这一段因缘，全是吴强偶然引起。如果不是吴强跟同学打架，他也许不那么强调"讲理"。如果当初心里没有那一丝怜惜吴强的念头，他也许不那么注意写论说文的教学。教学期间，杨先生一直很愉快，全神贯注。等到教学结束，他立刻感到突然而来的疲劳，那是由不相信耕耘能开花结实而生的疲劳。每一次，工作告一段落时,他都有这样的感觉。教书,外人以为是个权威性的工作,天天像北斗星一样被学生围绕着。可是,一旦学生毕业散去,就没有几个人还记得你,十年以后,如果还有一个学生记得你,也就不错了。"这个人,也许就是吴强。"

王鼎钧作品系列（第二辑）

开放的人生（人生四书之一）

本书讲做人的基本修养。如何做人？这个问题很"大"。本书用"小"来作答，如春风化雨，通过角度、布局、笔法各各不同的精彩短章，探悉人生的困惑，以细致入微的体察和智慧的省思，带给人开放、积极而平和的人生态度。

人生试金石（人生四书之二）

人生并不完全是一个"舒适圈"。由家庭到学校，再由学校到社会，成长要经历一个又一个挫折和失望。本书设想年轻人在逐渐长大以后，完全独立以前，有一段什么样的历程。对它了解越多，伤害就越小；得到的营养越丰富，你的精神就越壮大。

我们现代人（人生四书之三）

在传统淡出、现代降临之后，应该怎样适应新的环境和规则，怎样看待传统的缺陷？哪些要坚持？哪些要放弃？哪些要融合？现代人需要怎样的标准和条件，才能坚忍、快乐、充满信心地生活？作者将经验和思索加以过滤提炼，集成一本现代人的安身立命之书。

黑暗圣经（人生四书之四）

这是一本真正的悲悯之书——虚伪、狡诈、贪婪、残忍，以怨报德，人性之恶展现无遗，刺人心魄。但是，"当好人碰上坏人时，怎么办？"，这才是"人生第四书"的核心问题。它要人明了人之本性，懂得如何守住底线，趋吉避凶。而且断定，即便有文化的制约，道德也是永远不散的"筵席"。

作文七巧（作文四书之一）

世界上优秀的作品都需要性情和技术相辅相成，性情是不学而能的，是莫之而至的，人的天性和生活激荡自然产生作品的内容，技术部分则靠人力修为。——基于这样的认知，作者将直叙、倒叙、抒情、描写、归纳、演绎、综合汇成"作文七巧"，以具体实际的程式和方法，为习作者提供作文的捷径。

作文十九问（作文四书之二）

"作文一定要起承转合吗？""如何立意？""什么才是恰当的比喻？""怎样发现和运用材料？"……本书发掘十九个问题，以问答的形式，丰富的举例，解答学习作文的困惑。其中有方法和技巧，更有人生的经验和识见。

文学种子（作文四书之三）

如何领会文学创作要旨？本书从语言、字、句、语文功能、意象、题材来源、散文、小说、剧本、诗歌，以及人生与文学的关系等角度，条分缕析，精妙点明作家应有的素养和必备的技艺，迎接你由教室走向文坛。

讲理（作文四书之四）

本书给出议论文写作的关键步骤：建立是非论断的骨架——为论断找到有力的证据——配合启发思想的小故事、权威的话、诗句，必要的时候使用描写、比喻，偶尔用反问和感叹的语气等——使议论文写作有章可循，不啻为研习者的路标。而书中丰富的事例，也是台湾社会发展的一面镜子。

《古文观止》化读（之五）

作者化读《古文观止》经典名篇，首先把字义、句法、典故、写作者的知识背景、境况、写作缘由等解释清楚，使文言文的字面意思晓白无误，写作者的思想主旨凸显。在此基础上推进，分析文章的谋篇布局、修辞技巧、论证逻辑、风格气势等，使读者能对文章的优长从总体上加以把握、体会。最后再进一步，能以博学和自身的人生境界修为出入古人的精神世界，甚至与古人的心灵对话，此尤为其独到之处。